ASESINOS SERIALES

Hechos y perfiles
de los más crueles criminales de la historia

Edgard de Vasconcelos

ASESINOS SERIALES

Hechos y perfiles
de los más crueles criminales de la historia

CONJURAS

 L.D. Books

Asesinos seriales
©Edgard de Vasconcelos, 2016

 L.D. Books

D.R. ©Editorial Lectorum, S. A. de C. V., 2016
Batalla de Casa Blanca Manzana 147 A, Lote 1621
Col. Leyes de Reforma, 3a. Sección
C. P. 09310, México, D. F.
Tel. 5581 3202
www.lectorum.com.mx
ventas@lectorum.com.mx

Primera edición: marzo de 2016
ISBN:978-1539555933

Colección **CONJURAS**

D.R. ©Portada e interiores: Mariel Mambretti

Introducción

Bajo determinadas circunstancias cualquier persona puede convertirse en asesino/a, según suelen afirmar los investigadores policiales con años de trayectoria. Y es verdad. Un momento de ira descontrolada; de ceguera; de pérdida de control, pueden llevar a cualquier ciudadano civilizado y, ciertamente, pacífico, a matar a otro ser humano. Si se quiere, son circunstancias de la vida, y es perfectamente entendible que alguien mate en estado de emoción violenta.

También nos resulta más o menos "fácil" comprender los crímenes que se producen en ocasión de robo. Por impericia, por miedo, por descontrol, un simple ladrón puede convertirse en asesino. Sin embargo, desde los tiempos en que los seres humanos comenzamos a vivir en comunidades civilizadas, resultó siempre muy arduo comprender a esas personas que matan a repetición; compulsivamente; salvajemente. Aunque también debe reconocerse que sus historias, las de los asesinos seriales, nos provocan una cierta fascinación. No por casualidad la literatura y el cine suelen elegirlos como protagonistas.

Quienes han tenido la misión de seguirles el rastro y de comprender su lógica para poder atraparlos afirman que, en la mayoría de los casos, son personas muy inteligentes, puntillosas en cuanto a los detalles y observadoras, amén de perturbadas, claro.

Hay también factores comunes que aparecen en la historia de estos seres ciertamente desquiciados. Infancias marcadas por el abandono, o la violencia; padres ausentes, golpeadores o adictos, y adolescencias descarriadas en las que ya comienzan a aparecer los síntomas que luego se irán a traducir en aberrantes hechos.

Si bien siempre se supo de estos sujetos que matan a repetición (más de tres personas, en un determinado lapso de tiempo; con frialdad; matan a conciencia, sin emoción violenta alguna), el término "asesino serial" fue utilizado por primera vez por Robert Ressler, un criminólogo que trabajó durante dos décadas a al servicio del FBI y se dedicó a identificar y capturar, precisamente, *serial killers*. Ressler elaboraba, antes que nada, un perfil psicológico del asesino.

Tratando de categorizar a este tipo de criminales, el FBI acudió a una división hoy acaso demasiado simple. Esa clasificación establece dos tipos de matadores seriales: organizados y desorganizados.

La diferencia radica en que los primeros son individuos con un nivel intelectual alto, de 105 de cociente como mínimo, metódicos y con alta capacidad planificadora; salen en pos de la presa. Y, como cuidan los detalles, son los más difíciles de atrapar.

Los desorganizados, en cambio, son sujetos con un cociente intelectual medio-bajo, entre 80 y 90, y matan impulsivamente, cuando las circunstancias se lo permiten. Y, a diferencia de los organizados, no salen a cazar sus víctimas. Son más fáciles de atrapar porque les cuesta más borrar sus rastros.

La división hecha por el FBI es, claro, apenas una categorización muy general que omite matices, ya que no es ése el objetivos de los investigadores.

Con todo, los asesinos en serie siguen produciendo en el hombre y la mujer común una rara curiosidad. Casos como el de Jack el Destripador, que en el Londres de 1888 cometió al menos 11 asesinatos y jamás pudo ser atrapado, dan cuenta de un sujeto dotado, sin dudas, de una inteligencia superior, capaz de dejarle, siempre, una señal a la policía sin que ésta nunca lograse dar con él. ¿No despiertan seres como él, en el común de la gente, una oscura fascinación?

También tuvo innumerables seguidores (y hasta admiradores) el caso del "Asesino del Zodíaco", que actuó en California entre 1968 y 1969 y que, según él mismo confesó en una carta, cometió 37 crímenes sin ser jamás atrapado. Esa impunidad, vedada al ciudadano común, es tal vez una de las razones de su inédito atractivo.

Sea como fuere, lo cierto es que repasar sus historias es como ver de cerca lo peor del ser humano; es acercarse al rostro más macabro de la condición humana. Y a la vez, por qué no decirlo, a rasgos de una extraña singularidad.

El orden en el que se irá presentando a los distintos protagonistas de estas historias no será cronológico; no responderá a una sucesión ordenada de fechas en las que cada uno vivió o actuó; tampoco habrá un orden geográfico; ni siquiera nos atendremos al siglo en que desarrollaron sus macabras tareas. Permítasenos seguir un orden "dramático", por llamarlo de alguna manera. Porque, además de redactores, también somos lectores, espectadores, y queremos de algún modo testimoniar las impresiones que nos suscitaron a nosotros mismos estos hechos. En todo caso, y en la brevedad de estas líneas (que esperamos sirvan de disparador, por eso incluimos una básica bibliografía), priorizaremos ir develando las distintas motivaciones, métodos y hasta características personales de los asesinos, muchos de los cuales quedaron para siempre en la historia de la infamia humana. Bienvenidos a esta breve y tenebrosa galería. Una galería de espejos deformantes, en todo caso, porque ellos, alguna vez, fueron como nosotros.

Capítulo 1
CITA "A CIEGAS"

> "Cuando morimos, el mundo no cambia sino que desaparece. La muerte no es un acontecimiento de la vida. Pero el asesinato... el asesinato sí lo es".
>
> Philip Kerr, escritor británico

Rodney James Alcalá, bautizado como Rodrigo Jacques Alcalá Buquor, nació en San Antonio, Texas, Estados Unidos, el 23 de agosto de 1943. Y, por cierto, fue un ser dotado de un cociente intelectual altísimo, de entre 160 y 170.

Tenía apenas 17 años cuando se alistó en el ejército y allí comenzó a mostrar los trastornos de personalidad que se irían agravando con el paso del tiempo; era narcisista y marcadamente antisocial. Alcalá no duró mucho entre los uniformados que, si bien habían reconocido la mente brillante del joven cadete, lo expulsaron cuatro años después de su ingreso, cuando sus ataques de nervios ya fueron más que frecuentes.

Fuera ya del ejército, Alcalá ingresó a la Escuela de Bellas Artes de la Universidad de California, y se graduó en 1968. Y fue precisamente en ese año cuando comenzó su loca carrera criminal. Una niña de 8 años llamada Tali Shapiro fue su primera víctima. La pequeña iba rumbo a la escuela cuando fue abordada por Alcalá, quien la arrastró hasta su departamento. Una vez allí, la golpeó, la violó y luego intentó estrangularla con una barra de metal.

Esa primera vez, Alcalá no pudo matar porque un automovilista que observó la escena en la que el criminal subía a la pequeña a su auto, dio aviso a la policía. Cuando los uniformados descubrieron el departamento y derribaron la puerta a patadas, hallaron a la pequeña en la cocina, en medio de un charco de sangre pero, por fortuna, viva. Alcalá había podido huir por la puerta trasera, al mejor estilo Hollywood.

Un asesino escurridizo

Para evadir a la policía de Los Ángeles que lo buscaba, el frustrado asesino viajó a Nueva York y allí se inscribió en la prestigiosa escuela de cine de la Universidad de Nueva York, dando el nombre de John Berger.

A comienzos de 1971, Alcalá obtuvo un empleo en un campamento de arte para niños en New Hampshire, y en junio de ese año, se ofreció a ayudar en la mudanza a una joven de 23 años de nombre Cornelia Michael Crilley. Una vez en el departamento de Cornelia, Alcalá la violó y luego la estranguló con las medias de nailon de la muchacha. La policía sospechó del novio de la víctima, León Borstein, y dirigió toda la investigación por un rumbo equivocado; tanto, que el crimen quedó impune.

Sin embargo, la suerte de Rodney Alcalá comenzaría a cambiar en el verano de ese año, cuando dos niños que asistían al campamento vieron un cartel del FBI en que se exhibía el retrato de los 10 criminales más buscados, y uno de ellos coincidía con el rostro de John Berger.

Los niños avisaron a las autoridades. Los agentes llegaron inmediatamente a New Hampshire y detuvieron al criminal, por el ataque y la violación a la pequeña Tali. Para entonces, la familia Shapiro se había trasladado a México y se negaron a que Tali testificara en el juicio contra Alcalá, por lo que sólo se lo pudo condenar por robo. En síntesis, 34 meses más tarde ya estaba fuera de la prisión, en libertad condicional.

En 1977, tras pasar otra temporada recluido por haber intentado violar a una adolescente de 13 años en los acantilados de la playa de Bolsa Chica, Alcalá conoció (se ignora cómo) a Ellen Hover, una joven de 23 años, hija del dueño de un prestigioso local nocturno de Hollywood, y ahijada de Dean Martin y Sammy Davis Jr.

El 15 de julio de 1977, día que debía encontrarse con un tal John Berger, fue la última vez que se vio a Ellen con vida. Sus restos fueron encontrados días después, enterrados en los terrenos de Rockefeller Estate, en Westchester. Y ese crimen también quedó impune. Cuatro meses después de aquel encuentro final con la joven Ellen, Alcalá recogió con su auto en el Sunset Boulevard a una joven de nombre Jill Barcomb. Originaria de Brooklyn, ex voluntaria de un hospital y trompetista. La muchacha apareció muerta, el 10 de noviembre, en medio de un camino poco transitado. El cadáver estaba desnudo, arrodillado (detalle significativo), con graves lesiones anales, producto de violaciones reiteradas, una mordedura en el pezón derecho, la mitad de la cabeza aplastada por una roca y signos de haber sido estrangulada con sus propias medias de nailon.

Antes de que terminara 1977, otra víctima del "Asesino de *Dating Game*" (algo así como "el juego de las citas"), como se lo conocería después y ya veremos por qué, apareció muerta en su departamento de Malibú, el 16 de diciembre. La enfermera Giorgia Wixted, de 27 años, yacía en el suelo con el cráneo y el rostro destrozados a martillazos, los genitales mutilados y un par de medias de nailon estrangulándola. Como vemos, un patrón similar podía permitir, con dedicación, tiempo y mucho de buena suerte, trazar un patrón común entre estos crímenes, y en todo caso, un perfil psicológico que ayudase a la captura de su perpetrador.

Estrechando el cerco

En 1978 se sucedieron dos eventos verdaderamente curiosos en la vida de quien, a esa altura, ya estaba en la mira del FBI, pese a que los agentes no contaban aún con pruebas para incriminarlo.

Ese año, Alcalá obtuvo trabajo en el periódico *The Angeles Time* como compositor tipográfico y, a partir de entonces, comenzó a presentarse como fotógrafo profesional dedicado a la moda, y un "descubridor" de jóvenes talentosas que luego emprenderían la carrera de modelos.

En el breve período en que el criminal trabajó en ese medio, fue visitado varias veces por agentes del FBI que andaban detrás de delincuentes sexuales. Y, a pesar de que estaban convencidos de que Alcalá lo era, no pudieron más que mandarlo unos pocos días a la cárcel por posesión de marihuana. Esta circunstancia convenció al monstruo de que la policía jamás le echaría el guante, y decidió presentarse como concursante en el popular programa televisivo *Dating Game*, en el que 3 hombres solteros competían para ser elegidos por una mujer, con la que deberían salir si eran electos al menos una vez.

Con su sonrisa picaresca, sus pregonadas dotes de fotógrafo y paracaidista deportivo, Alcalá fue el elegido por Cheryl Bradshaw, pero la salida nunca llegó a concretarse porque la chica dijo que había visto en él "algo espeluznante", un "no sé qué" que la asustaba. Su fina intuición salvó a la muchacha.

No contaría con tal suerte Robin Samsoe, una niña de 12 años a la que Alcalá secuestró el 20 de junio de 1979. El hecho fue informado a la policía por los padres de la niña. En la investigación, dos testigos informaron que la habían visto con un fotógrafo, caminando en una playa de la zona.

El cuerpo de Robin Samsoe apareció quince días después en un paraje montañoso. Había sido decapitada, le faltaban varios dientes y tenía signos de haber sido estrangulada. Pero esta vez, para desgracia de Alcalá, los testigos pudieron dar una descripción precisa del fotógrafo que acompañaba a la niña. Con esos datos se realizó un *identikit* del sospechoso, quien fue rápidamente reconocido por uno de los policías que lo había perseguido por el caso de Tali Shapiro. Sí, era Rodney Alcalá, no cabían dudas, según afirmó el uniformado.

Por añadidura, un guardabosques informó que el día de la desaparición de Robin había visto estacionado en el lugar en que se encontró el cadáver un Datsun F10, precisamente el vehículo en el que se movía el "Asesino de *Dating Game*".

Vericuetos judiciales

El 24 de julio de 1979 el criminal fue detenido en la casa de sus padres en Monterey Park y acusado de homicidio. Ahora sí, los agentes federales estaban en condiciones de colectar evidencias. Alcalá había dejado sus marcas en los diferentes cadáveres de chicas violadas y asesinadas cuyo autor no había podido ser descubierto.

En el allanamiento que la policía realizó en el departamento de Alcalá, se encontraron cientos de fotografías de mujeres jóvenes y adolescentes, incluidas las que habían aparecido muertas sin que se hubiese podido descubrir al culpable. Había, además, una bolsa llena de objetos personales de quienes habían sido sus víctimas. Los especialistas que se ocuparon del caso se animaron a suponer que Rodney Alcalá en su loca carrera criminal había asesinado a unas 130 mujeres.

El juicio en su contra fue como una tortura adicional para los familiares de las víctimas. Condenado a muerte por el tribunal, la ejecución debió suspenderse porque, merced a una serie de tecnicismos y "chicanas" judiciales, la defensa del criminal logró, y ello en 1984, que la condena se anulase. En 1986, se inició un nuevo juicio que también se suspendió por irregularidades en el proceso. Otro tanto ocurrió en el 2001.

Finalmente, en el 2010, luego de un juicio de más de 30 años montado en ocasiones como un verdadero espectáculo cinematográfico (un filme fue rodado con base en el caso), Rodney Alcalá fue definitivamente condenado a muerte, esta vez por 30 homicidios llevados a cabo entre 1971 y 1979, todos ellos debidamente probados.

Sin embargo, en 2015 y mientras trazamos el esbozo de su historia, a sus 68 años, todavía el asesino serial espera el cumplimiento de la sentencia en la prisión de San Quintín.

Respecto del controversial proceso judicial al que fue sometido, el periodista Julian Morgans explicó de esta manera una parte de su entramado:

"Alcalá fue condenado a pena de muerte el 8 de mayo de 1980, pero cuatro años después presentó y ganó un recurso de apelación alegando que la decisión del jurado se había visto influenciada por la inclusión en el caso de delitos que Alcalá había cometido anteriormente. En 1986 se celebró un nuevo juicio, que también acabó suspendiéndose porque el magistrado había impedido que la defensa aportara prueban materiales que respaldaran algunos aspectos esenciales del caso. Más recientemente, en marzo de 2010, Alcalá fue condenado nuevamente a pena de muerte".

Atractivo, locuaz, algo pícaro y con una inteligencia superior, Rodney James Alcalá pudo haber hecho de su vida algo amable; pudo incluso haberse convertido en un Don Juan de los tiempos modernos, pero eligió, o no pudo evitar, transformarse en un monstruo.

El engañoso Jack

Johan "Jack" Unterweger nació en Austria, el 16 de agosto de 1952. Su madre, Teresa, se ganaba la vida ejerciendo la prostitución. Su padre fue un estadounidense que combatió en la Segunda Guerra Mundial. Este soldado simplemente tuvo sexo pago con la madre de Jack y, como suele pasar en las guerras, tal vez ni se enteró luego de nada. Pero, como fuese, ni Johan ni su madre lo volvieron a ver.

Pero tampoco su madre estaba dispuesta a criarlo, por lo que, el niño continuó su vida sin padres. Siendo muy pequeño fue a vivir con su abuelo, un alcohólico irrecuperable que, además, mantenía relaciones sexuales con distintas mujeres delante de los ojos del niño. Además, este abuelo desaprensivo, que vivía en la extrema pobreza, jamás se ocupó de que el pequeño fuese a la escuela. Sólo la gran inteligencia de Unterweger lo sacó del analfabetismo; que aprendió a leer y escribir solo y ya estando en prisión.

Tenía apenas 14 años cuando comenzó su carrera de delincuente atracando a prostitutas. A los 16 años fue a parar por primera vez a prisión, por haber asaltado y golpeado con un caño metálico a una mujer; precisamente, a una prostituta. Pero la cárcel no funcionó en él como un factor disuasivo, sino que, por el contrario, lo alentó a ir más lejos en su carrera criminal. Jack ya no sólo asaltaba prostitutas, sino que también robaba automóviles, por lo que fue detenido una y otra vez, entre 1966 y 1973.

Cada vez que el joven austríaco abandonaba la prisión, su violencia aumentaba y el delito le era más familiar. Su primera víctima mortal llegó en 1974.

Esa vez Jack Unterweger fue asistido por una ramera de nombre Barbora Scholz. Ambos ingresaron a robar al departamento de la estudiante alemana Margaret Schaeffer, que se encontraba adentro. Después de cargar con el dinero y algunas cosas de valor que encontraron, los asaltantes ataron a la joven Margaret y la llevaron a un bosque cercano. Allí Unterweger le exigió a la estudiante que le practicara sexo oral. Como la chica se negó, la ira enegueció al austríaco, que la golpeó con su inefable caño de acero. Luego, la estranguló con el corpiño de la propia víctima.

Delatado por su cómplice Barbora Scholz, y atrapado rápidamente por la policía, que sabía perfectamente dónde buscarlo, Unterweger fue condenado por un tribunal a cadena perpetua en 1976 y fue a prisión. Allí comenzó una nueva historia.

Un modelo social

Jack había llegado a la cárcel en la que debería estar encerrado por el resto de sus días y, casi analfabeto, decidió utilizar ese tiempo y su gran inteligencia para aprender a leer y escribir primero, y para dedicarse luego a la literatura.

El website *Escrito con sangre*, dedicado a presentar biografías de asesinos, cuenta que el investigador Nigel Blundell, que conoció al asesino en prisión, comentaba:

"En cada oportunidad que tuvo, estudió minuciosamente todos los libros a su alcance. Leyó a los grandes escritores. Editó un periódico en la prisión y también una revista literaria…"

Lo cierto es que, cuatro o cinco años después de haber sido encerrado, Unterweger comenzó a escribir poemas, cuentos y obras de teatro. Pero su verdadero salto a la popularidad, fuera de los estrechos márgenes de la prisión, ocurrió en 1984, cuando se publicó su autobiografía: *Purgatorio: un viaje a la prisión*.

Allí, con notable pulso literario, Jack narraba su infancia, su adolescencia y también su actividad criminal. La obra ganó un premio y pronto se convirtió en *best-seller*.

Luego de ocho años de encierro y con centenares de libros leídos, Johan Unterweger se había convertido en una celebridad. Los periodistas no se cansaban de pedirle entrevistas, y comenzó a ser el centro del reclamo de grupos de intelectuales y militantes políticos reformistas que pedían su libertad alegando que el autor de *Purgatorio…* era, efectivamente, un victimario, pero también una víctima de la sociedad en la que le había tocado crecer. Además, alegaban que el arte lo había reformado.

Los astros se habían alineado para que "El estrangulador de Viena", como pasaría luego a la historia, recuperase su libertad. Elfriede Jelinek, la escritora que obtendría el premio Nobel de Literatura en 2004, se puso al frente de la campaña para que ese peculiar escritor recuperase la libertad.

Por fin, el 23 de mayo de 1990, luego de quince años en prisión, Johan Unterweger fue liberado. Era toda una celebridad.

Volvamos al website *Escrito con sangre*:

"Se acostumbró a aparecer en los programas televisivos, conceder entrevistas y opinar sobre diversos tópicos. Sobre todo, disfrutaba al participar en programas de debates acerca del tema de seguridad pública, la rehabilitación carcelaria y la posibilidad de que los criminales se reformaran. Enfundado en un traje blanco y luciendo una flor roja en la solapa, discutía con funcionarios, criminólogos, periodistas e intelectuales en programas televisivos. Daba su opinión y la gente lo escuchaba; la opinión pública lo consideraba la voz más autorizada para hablar de la reinserción de un delincuente en la sociedad. Se transformó en un símbolo de que el sistema sí funcionaba".

Atractivo, amable, inteligente, culto y reconocido por la intelectualidad vienesa, Jack se había convertido en un hombre de consulta para críticos literarios, periodistas y especialistas en ciencias sociales. Era invitado a brindar coloquios y conferencias, así como a escribir columnas en revistas prestigiosas. Además, su autobiografía llegó al cine.

Lo que la sociedad ignoraba era que dentro de aquella figura cautivante, enfundada en ropas claras, convivían el Unterweger escritor y el oscuro asesino.

Supuestamente lejos de Jack

Blanka Bockova era una prostituta checa que durante el día trabajaba en una carnicería de Praga, intentando reunir, con ambas actividades, un salario razonable. El 14 de septiembre de 1990, ya terminado su horario laboral diurno, la muchacha salió a tomar unas copas con unos amigos.

Se dirigieron a la llamada Plaza de Wenceslao. Sus amigos le relataron luego a la policía que Blanka estuvo con ellos hasta las 23.45, hora en que se alejó acompañada de un desconocido de aspecto muy elegante. Nada hacía prever un drama.

El cuerpo de Blanka fue encontrado a la mañana siguiente a orillas del río Moldava, cubierto por hojas y ramas. Estaba desnuda, con las piernas abiertas de modo muy provocativo. Había sido golpeada y estrangulada, pero no había signos de violación. Tampoco de robo, porque conservaba un anillo de oro en uno de sus dedos. Los especialistas determinaron que la muerte había ocurrido apenas unas pocas horas antes. El *raid* mortífero del Estrangulador de Viena había comenzado.

Poco más de un mes después, otra prostituta, Brunhilde Masser, desapareció de los lugares que solía frecuentar en la localidad austríaca de Graz. La última señal de vida de la mujer databa del 26 de octubre de 1990. Pero su caso sería seguido por otro en muy breve tiempo pues, apenas iniciado el mes de diciembre, el día 5, se dio otra desaparición similar. Esta vez, la prostituta se llamaba Heidemarie Hammerer, y la localidad de donde desapareció era Bregenz, una ciudad del oeste de Austria, famosa por sus conciertos veraniegos de música clásica, con su escenario en medio de las aguas del lago Constanza. El día 30 de aquel mes, unos turistas encontraron con horror sus restos, yacentes en medio de un bosque. Como el de Blanka, su vientre había sido cubierto con ramas y hojas secas. Esta mujer tampoco había sido víctima de robo, pues conservaba sus joyas. Le habían cortado un trozo del vestido. Lo encontraron metido en su boca, para que no pudiese gritar.

Era tiempo de temperaturas bajas en el hemisferio norte. El examen patológico, contando con la ventaja de una mayor conservación del cuerpo, dio como resultado "estrangulamiento". El instrumento usado fue una prenda conocida como pantimedia, seguramente de la propia víctima. Pero, además, unas evidentes marcas en las muñecas daban cuenta de una sujeción con esposas o algún otro tipo de ligadura fuerte. El asesino también la había golpeado, pues varias partes del cuerpo presentaban hematomas. Tampoco había en este caso rastros seminales. Unas fibras de color rojo, esparcidas en las inmediaciones y sobre el cuerpo de la víctima, fueron el hilo conductor con el que comenzaron a trabajar los policías federales.

Apenas habían empezado a trabajar, cuando recibieron otra denuncia. Uno turistas había descubierto un cadáver en un bosque de Graz. Se trataba de una mujer cuyo cuerpo, recostado sobre el lado derecho, estaba completamente desnudo y había sido cubierto con hojas. Conservaba todas sus joyas, por lo que, una vez más, el móvil del asesinato no había sido el robo. La víctima había sido golpeada, apuñalada y estrangulada con sus propias medias. Pese al avanzado estado de descomposición en que se encontraba el cuerpo, los investigadores pudieron determinar que se trataba de Brunhilde Masser, la joven que había desaparecido el 26 de octubre de 1990.

Distintas ciudades, un mismo patrón

Las características que presentaban los cadáveres dejaban pocas dudas respecto de que las dos víctimas habían sido ultimadas por el mismo asesino. Pero la policía austríaca casi no contaba con pistas de peso que pudieran llevarla a dar con criminal.

El 7 de marzo de 1991 fue reportada ante la policía la desaparición de otra prostituta llamada Elfriede Schrempf. La familia informó, además, que dos días después de su desaparición, un hombre llamó por teléfono para cubrir de insultos a Elfriede a la que, dijo, aborrecía por ser una ramera. El llamado se repitió al día siguiente, y luego no hubo más noticias sobre el desconocido.

El desconcierto de la policía austríaca era directamente proporcional a la pulsión asesina que se había apoderado de Unterweger, quien, dispuesto a desorientar más aun a los investigadores policiales y dar rienda suelta a sus impulsos criminales, se trasladó a Viena.

En la capital de Austria, en menos de 30 días el "Estrangulador" dio cuenta de cuatro prostitutas: Silvia Zagler,

Sabine Moitzi, Regina Prem y Karin Eroglu. Ellas simplemente desaparecían.

El 20 de mayo del mismo año, fue encontrado el cadáver de Sabine Moitzi, y tres días más tarde, el de Karin Eroglu. Todo llevaba a pensar que ambas jóvenes habían sido víctimas del mismo asesino. Los dos cuerpos fueron hallados en una zona boscosa y solitaria; ambos estaban acostados sobre un lado y tenían signos de haber sido estrangulados con su propia ropa. Sabine apenas tenía puesta una camiseta; el cuerpo de Karin estaba desnudo.

Si bien los investigadores policiales estaban casi convencidos de que se trataba de un asesino serial, públicamente desmentían la versión para no causar pánico en la población. Los medios, sin embargo, daban por hecho que se trataba de un mismo criminal, ya bautizado como "El Estrangulador de Viena".

Para sostener la vendedora hipótesis de que las jóvenes habían muerto a manos de un asesino serial, algunos medios decidieron dar a los casos cobertura especial, y se preguntaron a quién encomendarle la tarea.

Un retirado debe descansar

Si había un especialista en el tema y podía escribir sobre eso, aquel hombre no era otro que Jack Unterweger, quien aceptó encantado la propuesta.

El caso de las prostitutas asesinadas en Viena dio un giro dramático cuando el esposo de Regina Prem, casada y madre de familia, le contó a la policía, y luego se filtró a la prensa, que pocos días después de la desaparición de su esposa, recibió el llamado de un hombre que le dijo:

"Yo fui su verdugo, y Dios me ordenó hacerlo. La tiré en un lugar de sacrificio, con la cara vuelta hacia el infierno. Les he dado a muchas de ellas el castigo que se merecían".

Era evidente que al asesino, fuera quien fuese, ya no le bastaba con dejar su firma en los cadáveres; debía comunicárselo con su propia voz al mundo entero.

Desde su flamante rol de reportero, especializado en policiales, El Estrangulador de Viena emprendió la tarea de entrevistar a los investigadores a cargo del caso, a criminalistas y a políticos. En sus artículos, cada vez más llenos de detalles, sostenía con fuerza que se trataba, en efecto, de un asesino serial.

La punta del ovillo que llevaba a Jack fue asido por un exmiembro activo del Departamento de Investigación Criminal de Salzburgo.

August Schenner estaba ya retirado pero, como en un guion de Hollywood, seguía el caso con sumo interés. ¿Qué había llamado especialmente su atención? El *modus operandi*.

August tomó sus notas, realizó comparaciones, y expuso su idea de que el caso estaba emparentado con uno que años atrás había tenido que investigar. No le dieron crédito, sobre todo por lo notorio del presunto inculpado: Jack Unterweger. Todos lo veían reportando el caso. Incluso el notorio escritor se indignaba por la crueldad de los asesinatos, culpaba de inacción o impericia a las autoridades, prestaba voz, de alguna manera, a la impotencia y el sentimiento de rabiosa indefensión de sus lectores.

Pero August era tozudo, y estaba seguro de que su hipótesis era valiosa. La policía decidió vigilar a Jack pero, ante lo infructuoso de seguir a un hombre que sólo cumplía con sus rutinas de escritor y reportero, no quiso gastar en él los recursos que debía dedicar a la investigación del verdadero asesino, y la vigilancia fue levantada.

August Schenner, en efecto, había sido en sus épocas de miembro activo el encargado de investigar y mandar a prisión a Unterweger, y hallaba una misma mecánica homicida y una forma idéntica de elegir a sus víctimas, mujeres del tipo del que este hombre había comenzado a hostigar siendo un adolescente. Pero todos daban por sentado que lo mejor que podía hacer un investigador retirado era descansar.

Instinto, trabajo, suerte

El 11 de junio de 1991, el agraciado y reconocido Unterweger abordó un avión que lo llevaría hasta Los Ángeles, en Estados Unidos. Una revista austríaca lo había contratado para que escribiera una serie de artículos sobre la prostitución en ese país de América del Norte. Para Jack, que sospechaba que la policía austríaca lo había estado observando, aquélla fue una grata noticia.

Mientras tanto, en Austria ocurría un hecho que sería definitorio para la suerte del Estrangulador de Viena: Ernst Geiger, segundo jefe general de la policía austríaca, había sido designado para continuar con la investigación de las prostitutas asesinadas. ¿Qué haría? ¿Tomaría en cuenta aquella sugerencia de August o no? No era en todo caso para ventilarla, si optaba por continuar con la hipótesis. Los probados viajes de Unterweger podrían ser una clave para cruzar información, pero para Geiger se imponían el silencio y la prudencia.

La primera y principal tarea a la que se abocaron los investigadores liderados por Geiger fue la de reconstruir los movimientos de Jack, al menos abarcando un año y medio. Para ello siguieron las pistas que dejaban los *tickets* de sus tarjetas de crédito, sus pases en hoteles y sus pagos en restaurantes y agencias de alquiler de automóviles.

Así, supieron que, en efecto, había estado en Graz justo en las fechas de los asesinatos; también en Bregenz cuando desapareció Hammerer; en Praga cuando fue asesinada Blanka Bockova. Aquello no podía ser coincidencia.

Con esa información, Geiger terminó de convencerse de que Unterweger era el asesino serial que buscaba, pero aún le quedaba (¡nada menos!) poder presentar la evidencia necesaria.

Esta vez, la suerte decidió estar del lado del experimentado detective. Durante las cinco semanas en que el Estrangulador estuvo en Estados Unidos, no hubo ningún crimen de prostituta alguna. En cambio, sí hubo tres asesinatos de prostitutas en Los Ángeles, ¡con la misma modalidad de los que se habían producido en Austria a lo largo de casi un año! Las mujeres Irene Rodríguez, Sherri Ann Long y Shannon Exley aparecieron tiradas en callejones oscuros, todas estranguladas con sus propios corpiños. Era la misma "firma" del asesino que había matado en Austria. Geiger no podía conciliar el sueño; un paso en falso, y todo se le iría al diablo. Debía ser paciente, reunir evidencias, esperar.

Como sin una evidencia concreta no podría enviar al Estrangulador a juicio, el sabueso apostó a su instinto.

Jack había comprado un auto marca BMW al salir de prisión pero, luego de su estadía en República Checa, lo había vendido para comprarse un Volkswagen Passat. Geiger logró identificar al hombre que había comprado ese BMW, y éste lo autorizó a que la policía revisase el auto. Y allí, otro golpe de suerte. En uno de los asientos apareció un cabello que, según el laboratorio policial, pertenecía a Blanka Bockova, la prostituta asesinada en Praga. "¡Bingo!", habrá exclamado Geiger.

Todos dejamos huellas

Ahora el investigador no sólo tenía una evidencia muy fuerte, pues le llegó un nuevo premio a su trabajo. Los investigadores norteamericanos Jim Harper y Fred Miller, encargados de dilucidar la muerte de las tres prostitutas de Los Ángeles, se comunicaron con el detective austríaco para informarle que los cadáveres de las mujeres habían aparecido muy cerca del hotel en el que se alojaba Unterweger.

Sin embargo, el experimentado policía sabía que, si quería estar seguro de que el Estrangulador fuese sentenciado, debía obtener más evidencia. Con el cabello en su poder pidió, y obtuvo, una orden de cateo al departamento de Jack. Allí consiguió la segunda y concluyente prueba incriminatoria: la bufanda roja de Unterweger estaba tejida con las fibras que habían aparecido sobre el cadáver de la joven Heidemarie Hammerer.

Antes de que el juez emitiera la orden de detención, los amigos periodistas del Estrangulador le informaron que sería detenido. El apuesto Unterweger y su joven y bella novia, Bianca Mrak, de tan sólo 18 años, se fueron a Miami.

En Viena, intelectuales, periodistas y aun políticos estaban convencidos de que la policía, incapaz de hallar al verdadero asesino serial, querían transformar a Jack en el chivo emisario, y por ello estaban dispuestos a defenderlo públicamente.

Durante el vuelo, y ya instalado en Miami, Unterweger se comunicó con todos sus amigos de los medios, pidiéndoles ayuda. La consiguió, al menos desde los artículos de los diarios que cargaban duro sobre las autoridades policiales. Pero no sabía que también la policía de Los Ángeles andaba tras sus pasos y que mentirle al personal migratorio, como él había hecho, era un delito grave en los Estados Unidos. En efecto, el visitante no había informado en aduana del proceso penal que lo había llevado a prisión durante quince años.

Para entonces, la policía austríaca había hecho dos movimientos claves. El primero: había contactado a la madre de Bianca para que informara cuál era la dirección en la que se hallaba su hija, cuando ésta se comunicara para pedirle dinero, algo que hacía habitualmente. El segundo: informó a Interpol que Jack estaba en Miami, aunque de momento desconocían la localización exacta en la que se hallaba.

En efecto, a los pocos días Bianca le envió un telegrama a su madre pidiéndole dinero y consignando la sucursal de Western Union a la que debía ser enviado.

La madre le informó a la policía austríaca, ésta a Interpol, e Interpol a la policía de Miami, enviándole una foto de Jack, otra de Bianca y una orden de detención para el Estrangulador. Se lo acusaba de haber mentido en migraciones y de los crímenes en Austria.

Por fin, el 28 de mayo de 1992, Johan "Jack" Unterweger fue extraditado a Austria. Lo aguardaban una celda, un tribunal y una opinión pública muy favorable, seducida por la imagen de mártir y hombre de viejo pasado presente nuevo, imagen alentada por los medios de comunicación amigos.

Un seductor en apuros

El juicio contra el Estrangulador de Viena comenzó más de dos años más tarde, en junio de 1994. Pasaron por el estrado criminólogos, policías, detectives (incluso los estadounidenses), y se exhibieron las evidencias con las que se contaba. Nada, empero, parecía torcer la opinión favorable al asesino que mantenía la prensa. Unterweger, desde la prisión, la alentaba con cartas dirigidas a diarios y revistas, y seguía asumiéndose como víctima.

Desde los Estados Unidos llegó la información de que el laboratorio de la policía de Los Ángeles había hallado semen del Estrangulador en las vaginas de las prostitutas asesinadas. Pero, como también había semen de otros hombres, la evidencia, con ser impactante, no era concluyente.

Pero también desde Norteamérica llegaría la prueba que habría de sellar la suerte de Unterweger. La policía de Miami había encontrado el diario que llevaba el Estrangulador de Viena, y allí el asesino consignaba que su propósito era asesinar a Bianca, su joven novia, y luego huir hacia otro país.

Aquello fue como un baldazo de agua fría para todos los que lo defendían con su buena fe. Incluso, la prueba resultó tan terminante que ya ningún periodista pudo volver a escribir a favor de Unterweger. La propia Bianca que, hasta entonces, lo acompañaba y lo defendía, se alejó definitivamente de él.

Dos meses y medio después de haber comenzado el juicio, el jurado lo encontró culpable de nueve asesinatos y lo condenó a cadena perpetua. Pero Johan "Jack" Unterweger, el Estrangulador de Viena, no pensaba volver a prisión.

La misma noche de la sentencia, hizo un nudo con los cordones de sus zapatos, un nudo igual al que hacía para matar a sus víctimas, y en el único momento en que los guardias se descuidaron, se ahorcó.

Paradójicamente, el gesto que tenía como objetivo librarse de volver a prisión conmocionó a la opinión pública austríaca, en gran medida impulsada, nuevamente, por la prensa, que atribuyó el suicidio al acto final de un inocente condenado por un sistema judicial injusto.

Como suele ocurrir en estos casos, novelistas, directores de cine y editoriales se abalanzaron sobre un producto que prometía ser sumamente rentable y, en efecto, lo fue. Sus libros se vendieron de a miles, se filmó su historia y se noveló su vida.

Más significativo aun fue el hecho de que, como la sentencia que lo condenaba a cadena perpetua no pudo ser apelada, para la justicia austríaca, Johan "Jack" Unterweger figura como inocente.

Nos lo imaginamos con su rostro de actor de cine, sintiendo haberles ganado a todos la partida. Pero ¿quién realmente sabe?

Capítulo 2
CANIBALISMO, FETICHISMO Y "LIMPIEZA"

*"Una vida sin homicidios es para mí
como una vida sin alimentos para ustedes".*

Alexander Pichuskin, asesino serial ruso

En la Escocia del siglo xvi, gobernada por Jaime I, vivió Alexander "Sawney" Beane, quien protagonizaría, junto a su familia, una de las historias criminales más truculentas de la época.

Beane había nacido en el condado de East Lothian, ubicado a unos 13 kilómetros al este de la ciudad de Edimburgo. Hijo de un granjero que cultivaba jardines y cavaba zanjas para las granjas cercanas o para el condado, Beane comenzó a ganarse el pan desarrollando la misma actividad que su padre, pero pronto supo que trabajar no era para él. Mucho menos lo era trabajar tan duro.

No se conoce exactamente la fecha de su nacimiento, por lo que resulta imposible saber con exactitud qué edad tenía ese joven que una mañana abandonó la casa familiar en compañía de una muchacha llamada Agnes Douglas, que ya había sido acusada de bruja. Juntos marcharon hacia el lado opuesto del país y decidieron instalarse en una cueva próxima a la playa del litoral del condado de Galloway.

La cueva en cuestión tenía una entrada muy estrecha, casi una grieta, pero esa pequeña boca comunicaba con una caverna de alrededor de un kilómetro y medio de extensión. Era un departamento de difícil acceso, pero sumamente amplio.

El lugar elegido por Sawney y Agnes estaba alejado de pueblos y aldeas, pero se ubicaba en las proximidades de un camino que debían recorrer los viajeros para ir de un pueblo a otro. El tránsito de viajantes que iban y venían le sirvió a la pareja para subsistir los primeros años. Los asaltaban, los mataban, y se quedaban con sus pertenencias, alimentos y abrigos.

Sin embargo, cuando comenzaron a llegar sus primeros hijos, las exigencias aumentaron considerablemente. Lo que podían robarles a los viajeros ya no era suficiente para alimentar a la prole. Sobre todo porque, durante esos primeros tiempos, la pareja sólo asaltaba a viajantes solitarios o, a lo sumo, a una pareja.

Con la misma certeza con que supo que el trabajo no era lo suyo, Alexander supo que al "negocio" había que darle una vuelta de tuerca.

Un peculiar paraíso

La vida en la cueva no tenía normas, pruritos ni leyes, al menos los que tienen las sociedades civilizadas. El incesto era una práctica habitual entre los integrantes del grupo familiar, por lo que la "comunidad" de la cueva creció notablemente. Cuando fueron descubiertos y atrapados, sus integrantes eran ya 48 personas, de las cuales 21 eran mujeres.

Con el crecimiento de la familia, la necesidad de comida aumentaba. Ya no podían darse el lujo de quedarse sólo con lo que el viajante llevaba. Una vez asesinado, el viajero era transportado al interior de la cueva y allí se convertía en la comida diaria de la familia. Ya devorado lo sustancial, los restos del cuerpo eran arrojados al mar, de noche, lo más lejos posible de la cueva.

Así, cabezas, brazos o piernas de seres humanos comenzaron a aparecer en las costas de Galloway, generando entre los habitantes, además de terror, hipótesis tan increíbles como que algunas de las playas estarían habitadas por hombres lobos. Y, a su manera, lo estaban.

Durante los 25 años en que la familia de Sawney Beane vivió en la inmensa cueva, las desapariciones de viajantes que pasaban por el camino de la costa fueron en aumento, así como el terror de las poblaciones que rodeaban la fatal madriguera.

Confundidas, y sin encontrar explicaciones razonables, las autoridades decidieron enviar espías para observar qué cosa ocurría y a qué se debían las muertes. Los resultados fueron frustrantes: muchos no regresaron jamás; otros sí volvieron, pero sin haber observado nada anormal.

El pánico comenzó a generalizarse, y las autoridades, procurando dar respuesta a las exigencias de la gente, empezaron a llevar a cabo detenciones y hasta ejecuciones de sospechosos. Las primeras víctimas fueron los posaderos en cuyos cuartos se alojaron viajeros que luego desaparecieron.

Tan despiadada fue la persecución que las autoridades ejercieron sobre los posibles culpables de las desapariciones, que muchos propietarios de posadas de la zona abandonaron sus negocios y se mudaron de ciudad.

Para entonces, la familia había desarrollado una técnica sofisticada de ataque. En la medida en que el grupo aumentaba, su capacidad para perpetrar los asaltos también crecía. Ya no se esperaba a que fuesen sólo dos los viajantes (excepto que anduviesen a caballo). Ahora la familia de Sawney cargaba contra grupos de hasta seis personas, y preparaba emboscadas sucesivas. De este modo, si algún integrante del grupo eludía la primera, caía en la segunda, o en la tercera, método que les aseguraba que nadie pudiese escapar.

Sin embargo, una tarde de mediados de 1435, la familia de Sawney se lanzó sobre un matrimonio que volvía de una feria realizada cerca de su cueva. Ambos montaban el mismo caballo.

Los asaltantes caníbales se abalanzaron sobre la pareja, pero sólo pudieron desmontar a la mujer. El hombre se defendía valientemente con su espada en una mano y una pistola en la otra.

Mientras luchaba desesperadamente, el viajante vio cómo su mujer, en el suelo, era asesinada, degollada y luego destripada sin miramientos. Los caníbales bebían desaforadamente la sangre y comían pedazos de carne cruda. La suerte, empero, habría de estar del lado del pobre hombre. Un grupo de unas 30 personas, que también volvía de la feria, apretó el paso de los caballos al oír los gritos y llegó al lugar del asalto. Sawney Beane y su familia huyeron hacia la cueva, pero el Paraíso se había terminado; ya habían sido descubiertos.

Cuando el grupo, incluyendo al hombre que había sido asaltado, llegó a Glasgow, todos informaron lo ocurrido a los jueces, y éstos al rey.

Cuatro días más tarde, Jaime I en persona, al frente de un ejército de 400 soldados y decenas de perros sabuesos, partió hacia la zona, dispuesto a encontrar a los caníbales. Los perros hallaron la cueva, los 48 integrantes del clan fueron arrestados, y el rey decidió que no eran merecedores, siquiera, de un juicio. Los hombres fueron desmembrados en público, y las mujeres acabaron en la hoguera.

La Ley de Talión no se cumplió del todo. Nadie devoró sus cuerpos.

Los sueños de un misógino

Jerome Henry "Jerry" Brudos nació en Webster, Dakota del Sur, el 31 de enero de 1939, casi por casualidad. El embarazo de Eillen, su madre, fue no previsto, de modo que su llegada al mundo no fue bien recibida. Sus padres ya tenían tres hijos varones y sólo anhelaban una niña.

Eillen, que era una mujer de carácter irascible y con ciertas perturbaciones psicológicas, decidió descargar la frustración que le produjo el nuevo embarazo (y que luego además fuese otro varón) en el nuevo vástago. Y lo hizo con toda su furia. Ese maltrato sobre el niño era cotidiano, lo que lo fue convirtiendo en un ser retraído, solitario y con un cierto desquicio psicológico.

Se cuenta que, cuando Jerry tenía cinco años de edad, y mientras se hallaba jugando en el vecindario, encontró un par de zapatos de mujer de tacos altos, tirados cerca de unos recipientes de basura. El niño guardó los zapatos entre su ropa y los llevó a su casa. Al día siguiente, Eillen entró al cuarto de Jerry y lo descubrió andando sobre los zapatos de tacones. La mujer enfureció y no sólo gritó y golpeó al pequeño, sino que destruyó el par de zapatos.

Muchos años después, los especialistas que conocieron su caso afirmaron que aquel fue el momento en que nació en el niño el extraño fetichismo con los zapatos de mujer que desarrolló tan tempranamente.

Con el tiempo, ya no fueron sólo los zapatos de mujer los que lo atraían; también las bragas y los corpiños, que lograba robar cuando podía.

Con muchas dificultades en la escuela, y sufriendo enfermedades a repetición, Jerry tiene doce años cuando se traslada junto al grupo familiar a Wallace Pond, en Oregón, un vecindario de casas bajas en las que abundan las familias con niñas adolescentes. Pronto Jerry se convierte en amigo de la mayoría de ellas, accediendo a sus cuartos y robando su ropa interior.

Entrando ya a la adolescencia, el joven Brudos solía masturbarse con zapatos y prendas interiores femeninas, y se excitaba con fantasías de violación de sus víctimas. Tenía 17 años cuando en un cerro cercano a su casa comenzó a cavar un hueco, con el propósito de mantener allí cautivas a sus futuras víctimas y violentarlas sexualmente.

Pero aún le faltaba mucho para "perfeccionar" su camino. Con suma torpeza, Jerome enfrentó a una chica con una cuchilla de cocina y le exigió que se desnudara para tomarle fotografías. Luego huyó. Pero la justicia lo atrapó y fue a dar a un instituto psiquiátrico, donde teóricamente debería haberse reformado. La nómina de alteraciones psíquicas que consignaron los profesionales de esa institución fue profusa: exhibicionismo, fetichismo, sadismo, morbosa atracción por el sexo en general, pero en un cóctel que incluía el travestismo, ya insinuado en aquellos zapatos femeninos de su infancia.

Lo cierto es que tras esa batería de parafilias estaba el odio a su madre, generalizado luego en una aversión general al sexo femenino. La condena que se le aplicó al ser descubierto fue de nueve meses de terapia en el hospital psiquiátrico, pero se le permitió continuar asistiendo a la Universidad Estatal de Oregón. Allí cursaba una tecnicatura en electrónica. Transcurridos los nueves meses de tratamiento, y en base a un análisis ligero, una junta médica dictaminó que Brudos no representaba peligro alguno para la sociedad y su tratamiento podía darse por concluido. La decisión era, cuanto menos, caprichosa. Él mismo les había manifestado a los profesionales que coleccionaba ropa femenina y, desde luego, calzado. Jerome tenía además una fantasía que no dudó en hacérselas explícita: congelaba mujeres, las ponía en posiciones idóneas para abusar de ellas luego de muertas y así tenía una suerte de gélido harén. Aun así, fue dado de alta.

"Yo, mi enemigo"

El 9 de marzo de 1959, Jerome Brudos se alista en el ejército de los Estados Unidos. Tras los entrenamientos, se le asigna como destino el fuerte Ord, en California. Sin embargo, ni la ruda vida militar alejan de su mente las múltiples fantasías sexuales que lo habitan. Era consciente de que había un campo minado dentro de sí. Temiendo volverse loco, le informa de la situación a su capitán, quien lo envía ante el psicólogo del ejército para que dictamine qué hacer con Brudos.

Tras una serie de pruebas y análisis, el capitán Theodore Barry, médico psiquiatra del ejército, prescribe la baja del soldado Brudos por padecer tan extrañas obsesiones sexuales.

Un año después de su ingreso al ejército, Jerome estaba nuevamente desocupado, sin rumbo fijo, en la calle. Vuelve a vivir con sus padres, aguardando a que su diploma de técnico electricista le posibilite encontrar algún empleo. Entretanto, la pasión oculta se imponía sobre él, quisiera o no encauzar su vida en parámetros más o menos normales.

El exsoldado sigue atacando mujeres por la calle para robarles los zapatos o fotografiarlas desnudas. Pero ya ha sofisticado sus métodos y no vuelve a ser atrapado por la policía.

A finales del año 1961, ya con su licencia bajo el brazo, Brudos ingresa a trabajar como electricista a una radio FM. Allí conoce a Darcie Metzler, una joven apocada y dócil de 17 años. Darcie se enamora del electricista, cuyo lado oculto desde luego desconoce.

A mediados de 1962, pese a la oposición de los padres de la joven Metzler, Brudos y Darcie se casan. Casi desde el primer día, la muchacha debe complacer ciertas fantasías de su esposo, como verla limpiar la casa totalmente desnuda, o que simule ser una gata y le bese los pies a su "dueño". Además, la joven tiene prohibido acercarse al ático en donde Brudos guarda su colección de ropa femenina y sus fotos de mujeres desnudas.

Pero aun así la pareja marchaba hacia adelante. A finales de 1967, Brudos y Darcie eran ya padres de dos hijos y no vivían en su antigua casa sino en una en Portland, donde Jerome había obtenido trabajo como electricista. Un doble juego se daba de puertas de la casa hacia afuera y de puertas de la alcoba hacia adentro.

Comienza la escalada

Pero las cosas habían empezado a empeorar en la pareja. Ella ya no aceptaba mansamente cumplir con las fantasías de su marido y, además, se había negado a que Brudos presenciase el parto de su segundo hijo. Nada de esto le resultaba indiferente al electricista, que había aumentado los ataques a mujeres para robarles la ropa y fotografiarlas desnudas. Y el nivel de su violencia iba en aumento.

El 26 de junio de 1968, Linda Slawson golpeó a la puerta de Brudos. Era una bonita muchacha rubia de 19 años que vendía enciclopedias de puerta en puerta para pagarse los estudios.

Jerome la recibió sonriente, la hizo pasar a su taller y, una vez allí, la golpeó en la cabeza con una barra de metal, haciéndole perder el conocimiento. Luego la estranguló, le quitó la ropa, le tomó fotografías y antes de deshacerse del cuerpo le cortó con una sierra el pie izquierdo, al que conservó en un refrigerador. Ató el cadáver de Linda a un bloque de motor viejo y lo arrojó al río Willamette. La intervención policial no arrojó ningún resultado positivo. Si la joven había sido raptada, su captor se había ocupado de no dejar rastro alguno.

El 26 de noviembre de 1968, Jan Whitney, una joven de 23 años, estaba parada al borde de la carretera junto a dos amigos de su edad, esperando que alguien los ayudase a recomponer el auto que había dejado de funcionar.

Jerome Brudos los vio, se detuvo, y ofreció ayudarlos. Él no era mecánico, les dijo, pero podría llevar a cada uno hasta su casa. Los tres aceptaron complacidos. No esperaban semejante amabilidad de un desconocido.

El electricista llevó primero a los muchachos, y luego le informó a Jan que pasarían un momento por su casa a fin de avisarle a su esposa que demoraría en llegar.

Una vez frente a la puerta de su propia casa, Brudos, con un lazo de tela, estranguló a la muchacha. Luego tuvo sexo con el cadáver. Llevó el cuerpo a su taller, volvió a practicar sexo en él varias veces y después procedió a fotografiarlo poniéndole las ropas de su colección. Acabada la sesión fetichista, cortó un seno de la muchacha y, para usarlo como pisapapeles, lo guardó en un refrigerador. A lo que quedaba del cadáver ultrajado lo colgó de un gancho amarrado a una soga, que se sostenía sobre una polea.

Al día siguiente, tal cual había hecho con el cuerpo de Linda, lo amarró a una pesada pieza de motor y lo arrojó al río Willamette.

El 27 de marzo de 1969, en un centro comercial próximo a su vivienda, Brudos modificó su técnica de abordaje frente a una nueva víctima. A punta de pistola la condujo hasta su auto, la maniató y se la llevó a su casa. La joven de 19 años, bonita y de piel blanca, como todas las anteriores, era Karen Sprinker; esa tarde debía reunirse en ese centro con su madre.

Dentro de su taller, como ya era su costumbre, el asesino violó a Karen, la obligó a posar en ropa interior y con zapatos de tacones de su colección (no le gustaban los que la joven llevaba puestos). Luego la estranguló colgándola del cuello con la soga que pendía de la polea. Antes de deshacerse del cadáver, le rebanó ambos senos.

La sangre llega al río

A esa altura de los acontecimientos, la policía estaba casi segura de que una misma persona era la responsable de las desapariciones, aunque carecía completamente de pistas, si bien un testigo había informado que, en el lugar en el que se encontró estacionado el auto de Karen Sprinker, la última víctima, habían visto merodeando a un hombre alto, pecoso y vestido de mujer.

Casi un mes después de la desaparición de Karen, el 23 de abril de 1969, desapareció Linda Salle, quien había sido vista por última vez en un centro comercial al que había asistido para comprarle un regalo a su novio.

Haciéndose pasar por policía, el asesino detuvo a Linda, acusándola de haber robado una tienda. La maniató, la condujo hasta su taller, la violó y luego la estranguló. Al otro día, la amarró a una caja de transmisión de un auto y la arrojó al río.

Un error y un síntoma de quienes matan en escalada es el vértigo que les produce matar, y matar sin sanción aparente. Esa sensación de impunidad fue la que también perdió a

Jerome, y todo comenzó cuando, tres semanas más tarde, un pescador reportó a la policía el hallazgo de un cadáver en las aguas del río. Atados a la caja de transmisión de un auto, los restos espantaron al pescador.

Poco tenía la policía para orientarse. Pero, al reparar en el nailon con el que el cadáver había sido amarrado, vieron que el nudo usado era poco común. Allí podía haber una pista. Le sacaron una fotografía y la conservaron en el expediente del caso.

Otro punto que podía sugerir algo fueron las otras ataduras, las de cobre, que tenía el cuerpo. Ese trenzado era propio de alguien con conocimientos o hasta oficio vinculado a la electricidad. Nuevas fotos, nuevas evidencias.

Los forenses no pudieron expedirse sobre la causa exacta de la muerte. El estado del cadáver hacía impracticable ese veredicto; pero, basándose en el estado del cuello de la muchacha, dictaminaron estrangulamiento.

Luego llegó el momento de reconocer los restos. Se trataba de Linda Lasalle. Su cadáver fue el primero en vencer la trampa de las aguas.

Pocos días más tarde, la policía encontró más restos humanos. Eran los de Karen Sprinker. Los nudos con que había sido amarrada eran exactamente iguales a los que ataban a Linda. Ambas, además, habían sido estranguladas con una correa.

Tras una prolija búsqueda que comenzó a arrojar resultados positivos cuando una joven estudiante de la Universidad Estatal de Oregón admitió que había salido con el "sujeto alto, pecoso y panzón", la policía detuvo a Jerome Brudos, el 30 de mayo de 1969. No había demasiada evidencia como para llevarlo a juicio pero, contra las indicaciones de su abogado, Jerome se decidió a confesar.

Durante tres días cayó en una verborragia que parecía tener mucho de liberadora. Habló de sus fantasías fetichistas y de sus crímenes, no eximiendo a la policía de los datos más escabrosos. El círculo se había cerrado. Jerome, el niño que había tambaleado sobre unos zapatos de mujer, fue sentenciado a tres cadenas perpetuas. En su celda solía recibir catálogos de temporada de las fábricas de calzado femenino, que él solicitaba pues eran "un buen sustituto de la pornografía".

De la humillación al mesianismo

Pedro Pablo Nakada Ludueña, o "El Apóstol de la Muerte", es quizás uno de los personajes que más y mejor reúnen, desde temprano, las características que permiten inferir lo inevitable. Ese individuo acabará convertido en un criminal, en un psicópata, en una persona sin capacidad empática alguna.

Pedro Nakada nació en Lima, Perú, el 28 de febrero de 1973, en una familia numerosa y decididamente disfuncional. Era el tercero de los nueve hermanos, y nunca dejó de ser el más humillado. Su padre, alcohólico, agraviaba y golpeaba a su madre delante del pequeño Pedro; sus hermanas mayores lo vestían de mujer y lo obligaban a salir a la calle para que fuera objeto de burla de los demás niños. A esa altura, Pedro tenía apenas cinco años, pero nació en él una profunda homofobia. En la escuela padecía de lo que hoy denominamos *bullying*, y su madre, bipolar, lo maltrataba.

Pronto el pequeño comenzó a descargar su ira con los animales; los mataba, los torturaba. Ésta es una de las conductas características de la infancia de quienes habrán de convertirse en criminales.

Un año antes de ser obligado a travestirse, cuando apenas tenía cuatro años, sus hermanos lo acusaron de haber matado a una perra preñada que era la mascota de la casa.

Muchos años más tarde diría respecto de aquel hecho (según una ponencia de la comandante psicóloga Atuncar Sueng, de la Policía Nacional del Perú):

"Odio a los maricones. Cuando yo era niño mis hermanos me violaban porque creían que yo había matado a una perra que teníamos y que además estaba preñada. Juro que yo jamás le hice nada al animal".

Creciendo en medio de un ámbito familiar decididamente hostil, y de un ambiente escolar no mucho más amable, Pedro Nakada no pudo pasar del tercer grado de la escuela primaria. Casi un analfabeto, pudo sin embargo convertirse en un buen mecánico, ya que su cociente intelectual era de un promedio normal.

En similar recorrido al que han hecho muchos asesinos, Nakada se incorporó al ejército peruano a los 17 años. Ya por entonces comenzaba a padecer un trastorno mental que lo acompañaría durante toda su vida: Dios, supuestamente, hablaba con él. Pero no sólo eso. Ese Dios le exigía que "limpiase" al mundo de homosexuales, prostitutas y drogadictos, lo que, según sus palabras, lo llevaba a matar a esas personas. Eso le hizo manifestar:

"Yo no soy un criminal, soy un limpiador, he librado a la sociedad de homosexuales y vagabundos".

Contrariamente a lo que imaginaba en el momento en que decidió alistarse en el ejército, su estancia allí no fue prolongada. Apenas las autoridades supieron que el joven afirmaba escuchar la voz de Dios, los psicólogos de la fuerza lo sometieron a una serie de pruebas y análisis, y recomendaron su inmediata expulsión; sólo había servido dos meses en el ejército. El camino que tomaría de allí en más era imprevisible. ¿O no?

El ayudante de Dios

Acaso, la disciplina militar y la contención (orden, reglas, etcétera) que una institución como el ejército puede brindarle a un joven podrían haber cambiado el destino de

Nakada, pero los médicos militares juzgaron que la esquizofrenia paranoide que padecía lo convertían en su sujeto peligroso, por lo que se desaconsejaba entrenarlo en el manejo de armas.

A pesar de que haber sido dado de baja del ejército le produjo una depresión que le duró casi un año (durante el cual intentó matarse), el raid criminal de Pedro Makada comenzó en el 1 de enero de 2005, cuando le disparó a sangre fría y sin que mediase una sola palabra a Carlo Merino Aguilar, con el único objetivo de robarle.

Más de 17 meses después, el 31 de mayo de 2006, Makada cometía su segundo crimen, ahora sí guiado por la voz de Dios.

En un trabajo para el semanario *Qué Pasa*, de Miami, Hernán Vera Álvarez lo cuenta de esta forma:

"Cuando Nakada la volvía a escuchar [la voz de Dios] y su revólver 9 mm le quemaba el bolsillo, dejaba el taller mecánico en el que trabajaba e iba a cumplir su misión. La madrugada del 31 de mayo del 2006 esa voz divina lo guió hasta Teresa Cotrina Abad, una señora de 50 años que fumaba marihuana en la calle Prolongación Morales Bermúdez. Dos disparos le reventaron el cráneo".

Años más tarde, frente a la policía, Nakada explicaría que, como la encontró fumando marihuana, pensó que su vida no tenía sentido, y entonces, al pasar a su lado, le disparó en la cabeza dos veces.

Dos meses después mató por segunda vez. La víctima era Walter Sandoval Osorio, quien, tal como afirmó Nakada, tenía antecedentes criminales. Pero los asesinatos siguieron uno tras otro. Algunos porque eran asaltantes, otros porque se drogaban, otros porque ejercían la prostitución.

La novena víctima del "Apóstol de la muerte" se llamaba Widmar Jesús Muñoz Villanueva.

Leamos de nuevo a Vera Álvarez:

"¿Y qué más te gusta?", preguntó con voz suave Pedro Nakada sentado en la peluquería Guisella, ubicada en la calle Las Ánimas 352, en Huaral, Perú. Algunas semanas atrás había escuchado los rumores del barrio de que el cosmetólogo Widmar Jesús Muñoz Villanueva, además de ganarse la vida cortando el cabello, ejercía la prostitución. El hombre de 42 años, le habían asegurado, tenía VIH y no solía cuidarse con los clientes...".

Nakada le hizo ver que tendrían relaciones. Pero no le gustó la mirada del cosmetólogo. Cuando éste se bajó el pantalón y se volvió, recibió tres disparos en la nuca.

En aquel siniestro año 2006, el apóstol de la muerte asesinó a 12 personas. Fue detenido la noche del 28 de diciembre. Los jueces lo hallaron responsable de 17 homicidios y se lo condenó a 35 años de prisión, pena máxima en el Perú. Pero la Policía estimaba en 23 el número de sus víctimas. En su tarea de limpieza divina, Nakada prefería ultimar a prostitutas, delincuentes, homosexuales. Pero no siempre.

La forma en que asesinó y descuartizó a su "mejor amigo" fue horrorosa, e impresiona aún desde las fotografías que conserva la policía peruana. La revista peruana *Caretas*, en su edición del 11 de enero de 2007, publicó fotos de Nakada e, incluso, de varias de sus víctimas. También, de la pistola con silenciador casero que portaba el asesino.

Finalmente, en 2009 y tras aquella máxima condena, Nakada fue rotulado como inimputable y fue trasladado a un pabellón psiquiátrico.

Su caso ha dado pie tanto a quienes abogan por la pena capital como a las teorías garantistas, que estriban en las malas condiciones sociales de la infancia de este tipo de asesinos, su influencia en la psiquis del futuro criminal, y su condición de no responsable total de sus actos.

La polémica, se supone, seguirá abierta en las convulsionadas sociedades contemporáneas. Un análisis desapasionado de parte de quienes no tenemos responsabilidades policiales ni jurídicas, probablemente, desemboque en la incertidumbre. Cerramos con una última declaración de Pedro Nakada Ludueña:

"¿Qué siento cuando mato? Siento que ayudo. ¿A qué? A que la gente cambie. A que el mundo cambie. Quiero que haya paz".

Capítulo 3

ESCLAVITUD, PLACER, MUERTE

"Una prostituta muerta es sólo un cuerpo sin rostro".

Anne Smith, en su libro *Memorias de una prostituta*

En la ciudad de Jalisco, México, en los primeros años del siglo xx, existía la figura del "juez de acordada", algo así como una suerte de sheriff de la ciudad que, a lomo de su caballo, recorría las calles durante la noche asegurando el orden. Quien cumplía esa función en 1912, cuando nació Delfina Torres Valenzuela, era su padre, Isidro Torres, un porfirista nato que se mantuvo en su puesto aun con todos los vientos de cambio revolucionario. Era un hombre despótico, rudo, exacerbado machista y alcohólico. Valga un detalle para pintarlo de cuerpo entero: entre sus costumbres estaba la de obligar a sus hijas a presenciar las ejecuciones de los presos.

La madre de la niña que acababa de nacer, Bernardina Valenzuela, era una mujer muy religiosa, sumisa y poco cultivada. Lo suyo era rezar el rosario, lavar, planchar y tener hijos. De su vientre, además de Delfina, nacieron Carmen, María de Jesús y María Luisa.

La familia vivía bajo el despotismo del padre que, aun sin estar en copas, solía golpear con frecuencia tanto a su esposa como al cualquiera de sus hijas. Siendo todavía una adolescente, Carmen, acaso la más rebelde de las jóvenes, decidió huir del hogar con su novio, Luis Jasso, un hombre bastante mayor que ella. El atrevimiento de la muchacha enfureció a Isidro, que salió a buscarla y, cuando al fin la halló, la insultó, la golpeó y la encerró en la prisión municipal, sin orden judicial alguna.

Pero ocurrió que, tras encerrar a Carmen, el juez de acordada recibió la orden de capturar a un tal Félix Ormella, a

53

quien buscaba la justicia. Isidro salió en su búsqueda y, cuando lo encontró, el ranchero Ormella se resistió al arresto. Isidro le disparó sin más y lo mató.

Ese arrebato lo convirtió en homicida a los ojos de los jueces, e Isidro Torres debió huir y esconderse a lo largo de todo un año. Algo quedó en el olvido. En su premura y apremiado por el brazo de la ley que hasta entonces había representado, Don Isidro abandonó a su hija Carmen en la prisión.

Labrándose un futuro

Carmen salió en libertad 14 meses después de haber sido encerrada por su padre, gracias a los buenos oficios de un hombre cincuentón, dueño de una tienda de abarrotes ("almacén" o "abasto", como también se denomina en diversos países de América latina). El buen señor le hizo prometer a la muchacha que le concedería matrimonio a cambio de liberarla de la prisión.

A partir de aquel hecho de sangre que convirtió a Isidro en fugitivo, la familia debió cambiarse el apellido para evitar posibles represalias Huyeron del pueblo y se olvidaron para siempre del antiguo juez de acordada.

En 1938, el destino de las hermanas González Valenzuela comenzó a prefigurarse definitivamente. Ese año, Carmen conoció a Jesús Vargas, un improvisado ladronzuelo y aprovechador, y se fue a vivir con él. En El Salto abrieron una pequeña cantina que comenzó funcionando muy bien, pero Vargas dilapidó las ganancias y el negocio quebró.

Carmen, con algo del dinero que había logrado rescatar del negocio, abandonó al frustrado ladronzuelo y regresó a vivir con su familia. Justo para estar cerca de su madre en el momento de su muerte.

Por fin, la muerte de ambos padres, Isidro y Bernardina, significó para las hermanas el cierre definitivo de una historia de pesares y también, por la pequeña herencia que les correspondía, la oportunidad de comenzar una nueva vida. Sin demora, se dieron al reparto de lo recibido.

En El Salto, Delfina abrió el primer burdel con el que habría de iniciar un largo recorrido en el rentable negocio de la prostitución. Con el formato de cantina, en el negocio se vendían tragos y servicios sexuales de jóvenes mujeres reclutadas por la propietaria, quien antes había hecho creer a los padres de las muchachas que trabajarían como empleadas domésticas. Las jóvenes no sólo debían servir sexualmente a los clientes dentro del local, también tenían que salir a la calle para ofrecerles a los hombres servicios externos.

El fructífero negocio tuvo su primer traspié en 1941, cuando una riña entre los parroquianos, que terminó a los tiros, obligó a las autoridades a clausurar el local. Pero, para entonces, Delfina ya había aprendido los secretos que debían conocerse para que dicho negocio funcionara de maravillas.

El plantel de jóvenes mujeres, algunas de apenas 15 años de edad, se trasladó junto Delfina a la feria de San Juan de los Lagos, cuyo alcalde estaba dispuesto a colaborar con la matrona a cambio de servicios sexuales gratuitos, siempre ofrecidos por las más jovencitas de las pupilas. Así, las cosas no podrían funcionar mal.

Con el apoyo de la autoridad del lugar, González Valenzuela alquiló dos locales en los cuales volvería a hacer funcionar sus burdeles, y le puso de nombre el "Guadalajara de Noche". Sumó a María Luisa como encargada de la caja registradora, y a Carmen para atender la cocina.

Paralelamente, las hermanas comenzaron a venderles a las pupilas tanto ropa como calzado y cosméticos, con lo cual la ganancia que las mujeres les dejaban llegaban por dos lugares: los servicios sexuales que brindaban, y lo que compraban las explotadas a sus explotadoras.

Al terminar la feria, el Guadalajara de Noche levantó campamento junto con las bolsas de dinero que había producido Delfina se deshizo de los locales alquilados y se trasladó a Guanajuato, a San Francisco del Rincón, más precisamente.

En el nuevo destino, las hermanas se contactaron de inmediato con el presidente municipal de San Francisco, Adelaido Gómez, y apoyadas por él alquilaron una casa grande con varios cuartos, lo que les aseguraba mayores ingresos.

La democracia prostibularia

Mientras el negocio de las González Valenzuela prosperaba en San Francisco, la única de la hermanas que no participaba del Guadalajara de Noche, María de Jesús, que vivía en León, se encontró una noche con Guadalupe Reinoso, otra mujer de la noche que, tras ejercer la prostitución durante algún tiempo, había logrado hacer el dinero suficiente como para montar un burdel muy exclusivo allí, en el mismo León. Guadalupe ahora se hacía llamar Laura Larraga y le alquilaba la casa en la que funcionaba su prostíbulo a un homosexual al que en la ciudad conocían como "El Poquianchis".

La noche en la que María de Jesús conoció el burdel que regenteaba Laura quedó decididamente impresionada. Los salones eran amplios, bellamente decorados. Una luz tenue y sugerente les agregaba misterio y erotismo a las pupilas, que caminaban o bebían un trago en alguno de los sillones, hermosamente vestidas.

Inmediatamente María de Jesús comprendió que aquello nada tenía que ver ni con el prostíbulo de su hermana, ni con el tipo de clientela que concurría a él. Regresó al Salto, en donde vivía, y junto con otras dos prostitutas volvieron a León dispuestas, ellas también, a inaugurar su propio prostíbulo.

El primer problema con el que se encontró María de Jesús, tras alquilar la casa en la que funcionaría el burdel, era que la propiedad carecía de luz eléctrica y, lo más importante, de permiso para funcionar como prostíbulo. Pero la mujer no se amilanó. Pidió una audiencia con el secretario del presidente municipal, Fernando Liceaga, y le expuso su pedido. El funcionario no anduvo con rodeos: el permiso, a cambio de sexo; nada que a María de Jesús la espantara.

Lo mismo debió entregar la mujer a un doctor Castellanos, para que el médico le extendiese la licencia de sanidad que se les exigía a todos los burdeles de León. Pero María de Jesús sabía que no todo se arreglaba con sexo, e instauró un sistema de sobornos mensuales a policías y jueces que tenían autoridad en la zona, para que cerraran los ojos cada vez que se producían riñas y algunos tiros, o apareciera alguna denuncia por la presencia de pupilas menores de edad, aunque se cuidaban todavía de ello. El burdel se llamó "La Casa Blanca", y a la inauguración asistieron democráticamente todos; también el sacerdote y el sacristán de la parroquia de León, quienes (todo esto fue probado) abonaron por los servicios sexuales con los dineros que habían depositado los fieles en las bolsas destinadas a limosnas.

Nuevo nombre, viejo oficio

Pese al cambio de nombre del local, la gente de la ciudad conocía la casa como "La Poquianchis", por como llamaban al dueño de la propiedad. Años después, a las hermanas González Valenzuela pasaron a apodarlas "Las Poquianchis".

El tipo de prostíbulo instalado por María de Jesús en León no sólo se diferenciaba del de Delfina, Carmen y María Luisa en cuanto a la calidad del ambiente y de los clientes, sino que, al menos de momento, María de Jesús no recolectaba jovencitas para esclavizarlas, como ya estaban haciendo sus hermanas en San Francisco. Y la sociedad de León se hizo entrecruzada y familiar.

Pagando hasta $500 de la época por cada muchacha, Delfina compraba jovencitas arrebatadas de sus hogares, todos muy pobres, con la promesa de que serían ubicadas en casas de familia para trabajar como empleadas domésticas y, así, poder enviarles algún dinero a sus progenitores.

Los padres jamás volvían a ver a sus hijas (ni siquiera sabían dónde estaban), y las jóvenes era obligadas a prostituirse en condiciones de esclavitud.

Pero la muy rentable técnica de las hermanas González Valenzuela tenía su costado macabro: las jovencitas, todas campesinas pobres e incultas, no sabían cuidarse y quedaban embarazadas. Las hermanas las obligaban a abortar en el mismo burdel, y luego mataban al recién nacido. Si el aborto provocaba la muerte de la muchacha, también se deshacían del cadáver en un cementerio clandestino que fue hallado años más tarde.

Mientras todo esto ocurría, María Luisa, quien atendía la caja registradora del prostíbulo, había ya logrado reunir una cifra considerable de dinero para vivir cómodamente durante muchos años, por lo que decidió largarse. Presentía que el negocio acabaría muy mal.

Pero un imperio no se levanta sin algún tipo de rigor. Las propietarias del burdel no dudaban en recurrir al castigo físico de una eventual "discípula" rebelde, la que era molida a palos o arrastrada de los cabellos durante un buen rato. Luego vino la tortura. Puestas de rodillas, las insurrectas eran obligadas a sostener ladrillos en las manos y en la cabeza hasta que se les indicase; ello, entre otras medidas punitivas. Nadie así osaría rebelarse, y menos, escapar. Claro que había mujeres muy tozudas, y ellas pagaban con su vida, para expiar su atrevimiento y como elemento aleccionador.

Delfina tenía un amante de apellido Zúñiga Maldonado. Lo llamaban "El Capitán Águila Negra", y pasó a ser el verdugo del grupo.

Nada sutiles en sus procederes, las condenadas a muerte eran recluidas en un rancho, el San Ángel. Una vez presas, se las dejaba sin alimentos, hasta que murieran de hambre. Las enterraban y, pasado un tiempo, con un rigor digno de más altas empresas, rociaban los cuerpos con combustible y volatilizaban toda prueba.

Prostitución con celo religioso

En 1949, Carmen, la hermana mayor y quien administraba contablemente el negocio, murió de cáncer. Para Delfina, que no sabía leer ni escribir, fue un golpe enorme, no sólo desde lo emocional sino también desde lo económico. Carmen manejaba los números del negocio (servicios, alquiler, impuestos, etcétera.) y además las deudas que las pupilas tenían con el prostíbulo. A Delfina, entonces, no le quedó más remedio que comunicarles a sus muchachas que todas las deudas estaban saldadas a condición de que rezaran por su hermana.

Ese año, también, Maria de Jesús recibió la visita de un médico ocultista que dijo apellidarse Escalante. El hombre era dueño de una propiedad que de momento arrendaba, pero quería desprenderse de ella. Para María de Jesús, era la gran oportunidad de tener su propia finca, y el hombre parecía apurado por venderla y razonable con el precio.

El doctor Escalante no era otro que el Poquianchis, y la propiedad que ofrecía era la que le rentaba a Guadalupe Reinoso, cuyo burdel había comenzado a decaer y ya no podía afrontar la renta.

La venta se cerró en $25,000 de la época, y luego de algunos arreglos, María de Jesús inauguró su nuevo prostíbulo, instalado en una propiedad que, si bien era suya, había sido puesta a nombre de Delfina González Valenzuela.

El nuevo prostíbulo fue bautizado "La Barca de Oro", pero nadie jamás lo llamó de esa manera. Para los vecinos nunca dejó de ser "El Poquianchis", apelativo que, como dijimos, compartían Las Poquianchis.

Pero, aun con clientes del clero, el peso antirreligioso de la actividad comenzó a ser difícil de llevar para una de ellas: María de Jesús González Valenzuela. Desde luego, nada de abandonar la profesión; se trataba de "adecentarla".

La regente comunicó a sus pupilas que en su burdel estaban prohibidos el sexo anal, los besos con los clientes y los actos lésbicos, porque todo eso ofendía a Dios. Para asegurarse de que las normas fuesen respetadas, La Poquianchis había hecho pequeños orificios en las paredes de los cuartos, y a través de ellos podía observar el comportamiento de sus jóvenes. Sin embargo, una mañana llegaron a León dos mujeres estadounidenses, prostitutas ambas, en busca de empleo. Jóvenes, dueñas de hermosos cuerpos y desinhibidas, las muchachas fueron inmediatamente contratadas por María de Jesús, convencida de que las gringas le reportarían pingües ganancias. Y fue así durante un tiempo. Los clientes elegían a las norteamericanas antes que al grupo habitual de mujeres, que ya se les hacían deslucidas.

Una noche, un cliente se convirtió en un tentador Satanás. Desembolsando una gruesa cantidad de billetes, pidió tenerlas a ambas extranjeras en su habitación. María de Jesús incrustó su ojo sobre el agujero y comprobó lo prohibido: un apasionado acto lésbico frente al cliente.

A la mañana siguiente despidió a ambas norteamericanas. Se cuidó de infligirles un castigo mayor, y dio el primer paso que llevaría su burdel a la quiebra.

Declinación del negocio

Sin embargo, y a pesar de esa baja punitiva, la metodología de reclutamiento y de sometimiento que Las Poquianchis utilizaban no se detuvo.

En 2013, Adriana Ríos, periodista del diario *El Mañana*, logró entrevistar a una de las mujeres esclavizadas por las hermanas González Valenzuela. Laura, de 74, residente de la Villa de Nuevo Progreso, contó lo siguiente:

"En mi casa había necesidad, éramos muchos hijos y no había dinero. Mis padres vieron la oportunidad de quitarse una boca de encima y de ayudarse con lo que supuestamente me pagarían las que aparentaban ser buenas mujeres. Pobres de mis papás. Eran tan buenos y confiados".

Laura le explicó a la periodista por qué sus padres la pusieron en manos de quienes prometían colocarla como doméstica en una casa de familia, y qué experiencias sufrió luego:

"Yo no sabía lo que me esperaba, hasta que entramos en una casa habilitada como cantina. Ahí me encerraron en un cuarto donde fui violada muchas veces por enviados de 'Las Poquianchis'. Me golpearon cada día y me dejaron sin comer hasta que accedí a prostituirme".

Este método de "ablande" es un rasgo típico en la actividad de la prostitución. Las mujeres pierden resistencia a entregarse al acto sexual, temen por su vida, resignan voluntad y sensibilidad física.

Continúa el relato de la sobreviviente al oscuro sistema de las hermanas.

"Así me trajeron, primero al Guadalajara de Noche, luego a La Barca de Oro. Nos llevaban de un lado a otro según les pareciera y no podíamos ni pedir auxilio, pues las autoridades estaban de su parte. Además, nos tenían amenazadas con hacerles daño a nuestras familias o matarnos".

Más adelante, Laura le contó a Adriana Ríos el mayor de los temores que tenían todas las pupilas, el embarazo, y las consecuencias que este aparejaba:

"Pero lo peor era el temor de que un día estaríamos en el lugar de alguna de las mujeres que, tras ser obligadas a abortar, fueron enterradas vivas junto a sus bebés, pues los secuaces de las hermanas, de los cuales no quiero ni recordar sus nombres, las aventaban desnudas en agujeros y aún respirando les echaban la tierra encima".

La Barca de Oro había empezado a declinar con el despido de las dos norteamericanas; el golpe de gracia lo dio, en 1963, el cambio de autoridades en León. Los viejos amigos abandonaron sus cargos, con lo que se acabó la protección de que gozaba el prostíbulo de María de Jesús, y una nueva ley que prohibía los burdeles en la ciudad terminó definitivamente con el negocio. María de Jesús regresó junto a Delfina, para continuar trabajando en el prostíbulo exclusivo de ésta. Pero otro golpe sacudió a las hermanas. En una riña, encontró la muerte el hijo de Delfina, Ramón Torres, encargado de vigilar a las pupilas, de violarlas y golpearlas si intentaban escapar. La marcha cuesta abajo se acentuaba.

Cifras del horror

La muerte de Ramón no sólo hundió en el desconsuelo tanto a la madre como a la tía del muchacho, sino que también relajó la vigilancia del burdel. Así fue como, al año siguiente, una de las pupilas más nuevas, Catalina Ortega, logró escapar y se presentó en la procuraduría de León.

Tras la denuncia de la muchacha, se libró una orden de arresto para las hermanas González Valenzuela, lo que ocurrió al día siguiente, hecho ampliamente cubierto por los medios de León.

Delfina y María de Jesús fueron detenidas, y las mujeres que trabajaban para ellas, puestas en libertad.

La previsora María Luisa hacía ya años que no estaba en el negocio con las hermanas. Producto de su trabajo en la cocina del Guadalajara de Noche, había reunido $39,000 de la época, y se alejó para siempre, tanto de sus hermanas como del negocio de la prostitución. De hecho, estaba en Veracruz cuando supo de la detención de Delfina y María de Jesús.

Una vez liberadas, las mujeres debieron declarar frente a los funcionarios judiciales como testigos. Esas declaraciones se utilizarían luego para condenar a Las Poquianchis.

Respecto de la metodología que se ponía en marcha una vez que las jovencitas de entre 12 y 14 años llegaban al burdel, las pupilas concordaron con el relato. Las niñas eran desnudadas y examinadas con atención. Si estaban sanas y bien alimentadas, se las encerraba en un cuarto y se las sometía a violaciones tanto vaginales como anales durante varios días. Si se quejaban o lloraban, eran golpeadas por los hombres que trabajaban para las hermanas.

Cuando las muchachas ya habían sido "domesticadas", se las bañaba, se las vestía con bellas ropas y se las enviaba al salón para servir a los clientes; para servirles copas o brindarles atención sexual.

Las Poquianchis consideraban que la "vida útil" de una prostituta acababa apenas cumplidos los 25 años; a esa edad ya eran "viejas". Entonces, las hermanas se las entregaban al verdugo ya mencionado o a otro de sus fieles, Salvador Estrada Bocanegra. Este hombre las recibía en el rancho San Ángel (propiedad de las González Valenzuela). Luego lo consabido: las encerraban en un cuarto de su rancho, las dejaban morir de hambre, las exhumaban, las quemaban.

No siempre se completaba este último procedimiento, y por ello las autoridades judiciales pudieron encontrar los restos humanos que condenaron a las hermanas y sus ayudantes.

Los agentes judiciales que llevaron a cabo el relevamiento del rancho San Ángel encontraron los restos de 90 mujeres, fetos calcinados y huesos dispersos. En función de ello, los funcionarios judiciales calcularon que Las Poquianchis pudieron haber asesinado a mas de 150 mujeres durante los 20 años en que manejaron los prostíbulos.

Los restos del naufragio

Pero no sólo las hermanas fueron a parar al banquillo de los acusados. José Facio Santos, cuidador del rancho, fue otro de los acusados, tanto como "el verdugo principal", Salvador Estrada Bocanegra, y el exoficial del ejército y amante de Delfina, Hermenegildo Zúñiga, el mencionado "Capitán Águila Negra", encargado de la vigilancia y el sometimiento de las pupilas nuevas y también uno de sus verdugos.

Además fueron acusados Francisco Camarena García y Enrique Rodríguez Ramírez, ambos choferes encargados de transportar a las niñas desde donde habían sido reclutadas hasta el burdel.

También se acusó de complicidad y aplicación de tormentos a seis exprostitutas, que se habían transformado en celadoras y castigadoras a cambio de que Las Poquianchis les respetaran sus vidas. Ellas eran: Lucila Martínez del Campo, Guadalupe Moreno Quiroz, María Auxiliadora Gómez, Ramona Gutiérrez Torres, Esther Muñoz y Adela Mancilla Alcalá.

María Luisa, al enterarse de la detención de sus hermanas, volvió a Guanajuato para apoyarlas moralmente, pero fue aprehendida y acusada de prácticas satánicas y brujería porque se le encontraron trozos de tela roja y hierbas en la ropa. Fue luego condenada casi sin pruebas, porque el escándalo que produjo la detención y la cobertura mediática del caso enfureció de tal manera a la gente, que a punto estuvieron de linchar a las hermanas durante el traslado a la prisión de Guanajuato.

A Delfina y María de Jesús se las condenó a 40 años de prisión; al resto de los implicados se los sentenció a penas de entre 15 y 20 años. Sin embargo, 12 años después de cerrado el caso, la periodista Elisa Robledo, junto al abogado Samuel Cruz, realizaron una profunda investigación sobre el caso, y el material salió publicado en un libro. Allí se demostró toda una serie de irregularidades durante el proceso judicial, lo que obligó a los jueces a liberar a todos los implicados, excepto a las hermanas.

Delfina, "La Poquianchis mayor", como la llamaban (apelativo que todas las hermanas odiaban), murió en prisión, producto de un burdo accidente: a unos albañiles que estaban arreglando el techo de su celda se les cayó un balde lleno de cemento que golpeó en la cabeza de la mujer. Murió luego de quince días de agonía, en el hospital de la prisión. María de Jesús, en cambio, obtuvo la libertad en 1995, luego de haber contraído matrimonio con Antonio Hernández.

En su libro *Género, cultura y sociedad*, Lucía Melgar define de manera impecable lo que el caso de Las Poquianchis significó para la sociedad mexicana de la época:

"En los años sesenta, esta historia abyecta va a conmocionar a la sociedad mexicana, y la prensa amarilla va a explotarla como medio de sustento, produciendo un verdadero frenesí entre sus lectores. La revista *Alarma*, que apenas alcanzaba los 140.000 ejemplares semanales antes de la revelación de ese repelente incidente, tira, tres meses después de la captura de las dos mujeres, más de 500.000 ejemplares. La manera distorsionada y maniquea en que se presentó el asunto llevó a Jorge Ibargüengoitia a reconstruirlo desde la óptica literaria".

Entre el mito y la verdad documentada, las Poquianchis viven aún en la cultura popular mexicana. Tienen un puesto no del todo oscuro. El tiempo las revistió de tintes anecdóticos y costumbristas, cuando no heroicos, como contestatarias de lo establecido o meras usufructuarias de eventos propicios y vicios supuestamente nacionales.

Fueron asesinas, sin embargo. Asesinas seriales.

Capítulo 4
JACTARSE EN LA ANTESALA DE MORIR

> "Lo que hice no fue por placer sexual, sino porque me proporcionaba paz mental y de alma por períodos largos".
>
> A. Chikatilo

Andrei Románovich Chikatilo nació el 16 de octubre de 1936, en Yáblochnoye, Rostov, en la Ucrania que, por entonces, era parte de la Unión Soviética. No llegó al mundo en buen momento. Cuatro años antes de su nacimiento había comenzado en la República Socialista de Ucrania lo que se conoció como *holodomor* (en ucraniano, "matar de hambre"), una hambruna que les costó la vida a millones de personas, producto del proceso de colectivización que se había puesto en marcha en la URSS.

El niño creció escuchando de boca de su madre un triste relato en el que aparecían decenas de cadáveres apilados en la calle. Su hermano mayor, Stepán, fue raptado por una turba hambrienta que luego se lo comió. El padre de Andrei, en tanto, fue prisionero de los nazis durante muchos años.

Introvertido, siempre temeroso, miope y sin poder evitar orinarse en la cama hasta pasados los 12 años, Chikatilo fue víctima de las burlas despiadadas de sus compañeros de escuela, que no sólo lo trataban de homosexual, sino también lo golpeaban casi constantemente.

El paso de los años fue acentuando la timidez de Andrei y las dificultades cada vez más serias que tenía con las mujeres. Tanto que, con una de las pocas con las que pudo relacionarse en esos años, el vínculo se terminó demasiado rápido. Chikatilo eyaculó apenas abrazó y besó a la joven. A partir de entonces, muy contadas veces en su vida logró tener erecciones sostenidas.

Como todos los jóvenes soviéticos, Andrei sirvió en el Ejército Rojo durante un par de años y luego se dedicó a los estudios. No pudo ingresar a la carrera de Derecho pero, a cambio, se licenció en Lengua y Literatura Rusa, en Marxismo-Leninismo y en Ingeniería. Políglota, respetado en cierto sector de la intelectualidad rusa, Chikatilo ingresó a la política y en poco tiempo se transformó en miembro del Politburó, si bien el fanatismo con que defendía el dogma comunista le marcó muy pronto la puerta de salida. En 1971 obtuvo el título de maestro en Filología y comenzó a dar clases en colegios de educación secundaria. Allí empezó su obsesión con las niñas de doce años, a las que espiaba cuando se quitaban la ropa en sus dormitorios. Mientras las miraba, Chikatilo se masturbaba con su mano dentro del bolsillo del pantalón.

No obstante, Andrei habría de conseguir esposa. Incluso tuvo erecciones como para embarazarla. No era mal padre, no era en absoluto mal marido, era tolerante y cultivaba buenos modos. Pero internamente creía cargar con una maldición, un menoscabo infligido por el capricho de la naturaleza. Tan tolerante era que no le importaba saber que, por detrás de él, sus alumnos se burlaban de su aspecto físico. Era enjuto, algo encorvado, y como su cuello parecía entonces muy largo, lo llamaban "La gansa". Pronto habría de surgir la fiera.

Un curioso remedio

A mediados de 1978, Andrei Chikatilo fue enviado a dar clases a una ciudad alejada muchos kilómetros de su hogar. Junto a su mujer, decidieron que él viajase primero, buscara un buen lugar para vivir y se instalase. Luego partirían ella y los niños hacia la nueva residencia.

Lejos de su familia, Andrei se excitaba cada vez más con perversas fantasías sexuales. Hasta que el 22 de diciembre de

1978 abordó en la calle a una niña de 9 años llamada Yelena Zakotnova, la convenció para que lo acompañase hasta su casa fuera de la ciudad y, una vez allí, le quitó la ropa con violencia. Mientras lo hacía, le produjo a la niña un rasguño. Brotó sangre y, para sorpresa del violador, aquello le produjo una inmediata y sostenida erección.

Sangre y sexo conformarían desde allí el coctel que, de alguna manera, sería la panacea de Andrei. Ante el hallazgo, el agresor extrajo un cuchillo y lo hundió en el estómago de la niña. Cada vez que entraba la hoja, aumentaba su placer. Y a fuerza de puñaladas llegó al orgasmo. Había encontrado el modo de ser "normal".

Dos días más tarde, la policía del lugar halló los restos de la pequeña en el río Grushovka; también encontró manchas de sangre en las proximidades de la cabaña del impecable maestro. Sin embargo, Chikatilo logró convencerlos de su inocencia, y la policía acabó inculpando a un agresor sexual de la zona, de nombre Aleksandr Krávchenko.

Algo, empero, no terminaba de cerrarles a los uniformados; el cadáver de la pequeña había aparecido con los ojos arrancados, algo que parecía tener características más perversas que las que podía exhibir un simple agresor sexual como el detenido.

De allí en más, a Andrei cada vez le costaría más trabajo contener sus impulsos. Comenzó a acosar a sus alumnos más jóvenes, tanto varones como mujeres. Los chicos comenzaron a quejarse, las denuncias llegaron a la dirección, y Chikatilo fue despedido.

Muertes en un amplio radio

Dos años después de su primer crimen, y de haber sido despedido de la escuela en la que dictaba clases, Chikatilo consiguió un empleo a la medida de sus "necesidades sexuales". Había sido contratado por una fábrica para ocuparse del abastecimiento, lo que lo obligaba a recorrer casi toda la región de Rostov. Además, la tarea le daba la libertad de estar solo durante varios días a la semana.

La noche del 3 de setiembre de 1981, "La gansa" se cruzó con Larisa Tkachenko, una prostituta de 17 años a la que Chikatilo le propuso que lo acompañara al bosque, para tener allí relaciones sexuales. La chica aceptó y allá fueron. Pero, una vez en el lugar, el asesino no pudo lograr una erección. Esto hizo que la muchacha comenzara a reír, lo que descontroló al asesino. Seguramente, Andrei habrá sentido la misma humillación de sus tiempos de estudiante.

De inmediato se lanzó sobre la joven y la estranguló. Luego se masturbó y eyaculó sobre el cadáver. Pero nada de eso le resultó suficiente. Sacó su navaja cortó los senos de la muchacha y se comió los pezones. Luego comenzó a bailar alrededor del cuerpo mutilado mientras lanzaba aullidos. Finalmente le arrancó los ojos (algo que sería su firma), enterró un palo en medio del cadáver de la joven y huyó del lugar.

Una antigua superstición rusa asegura que lo último que la víctima de un asesino ve queda grabado en sus ojos, y Chikatilo suponía que lo que quedaba grabado en los ojos de sus víctimas era su rostro, el rostro del "Carnicero de Rostov", como habría de recordarlo la historia del crimen.

Entre ese año y el siguiente, Chikatilo asesinó a otras cuatro personas. Una fue Lyuba Biryuk; la mató de 40 puñaladas, le arrancó los ojos y los senos, y eyaculó sobre ella. Su primera víctima masculina fue Oleg Podzhiváev, un niño de 9 años a quien le arrancó los genitales y los ojos.

A los muchachitos les cortaría siempre los genitales, como una forma de vengarse simbólicamente de sus limitaciones. También los masticaría, como si pudiese absorber la juventud y fuerza de la que se sentía carecer.

Pero sobre todo lo excitaba ver sufrir a sus víctimas, llorar, sangrar, moverse agonizantes. Comía pezones con sangre y luego sentía que llegaba a una calma y relajación no experimentadas por ningún otro medio.

En 1984 el raid delictivo del carnicero de Rostov se aceleró considerablemente. Fueron quince homicidios de niños, niñas y jóvenes sólo en los primeros meses del año. Ni siquiera algunos muchachos y muchachas con retraso mental se libraron de caer en sus garras. Chikatilo había descubierto un método que le daba excelentes resultados y comenzó a aplicarlo con creciente frecuencia.

Solía apersonarse en las estaciones de trenes o de autobuses. Se ganaba la confianza de sus futuras víctimas y las llevaba a un lugar apartado, cosa que se le facilitaba cuando se trataba de prostitutas. Así como era de irrefrenable la consumación de su furia-placer, así podía ser metódico y racional para planificar un asalto, estudiar itinerarios, simular encuentros casuales, aunque todo el proceso le llevase mucho tiempo. Claro que no por ello rehuía los "golpes de suerte", que a veces lo ponían en el camino de presas sin posibilidades de pedir ayuda.

Con un sistema de prueba-error, fue aprendiendo cómo evitar comprometedoras salpicaduras de sangre en su cuerpo o ropas, cómo dar el golpe justo para poner *knock out* a su víctima y evitarse gritos, etcétera. Como a una fiera cebada, todo el placer obtenido no hacía más que renovar el deseo de repetirlo, indefinidamente.

El drama que no podía ser tapado

Los numerosos cadáveres que por entonces fueron apareciendo en Rostov presentaban similares características: habían sufrido entre 30 y 40 puñaladas y se les habían extirpado los ojos. A las muchachas les habían arrancado los senos o sólo los pezones con los dientes, o con un cuchillo. También, solía extirparles el útero.

Durante el proceso de asalto, tortura, asesinato y muerte, Chikatilo entraba en una suerte de trance. En medio de la excitación que le producían la sangre y la mutilación de sus víctimas, gritaba y bailaba alrededor de su cuerpo, buscando llegar más rápidamente al orgasmo. A algunos varones los apuñalaba, les seccionaba los genitales y los guardaba como trofeos. Con el tiempo comenzó a tener actos de canibalismo pleno, y ya se comía las partes del cuerpo más blandas.

Andrei Chikatilo contaba con una ventaja en la Rusia estalinista. A pesar de que la policía ya no tenía dudas de que estaban frente a un asesino serial, el gobierno lo negaba por razones políticas. Eses tipo de crímenes, según se argumentaba, sólo podían ocurrir en los países capitalistas, jamás en los Estados socialistas, que estaban en un plano de evolución humana superior.

Pese a estas dificultades, y cuidándose de los jerarcas políticos, la policía sabía que debía hacer algo de inmediato. Además, estaba fuertemente presionada por cierta prensa, que ya hacia finales de 1984 manifestaba haber contabilizado el cadáver número 30. Y de a poco llegaron las primeras conclusiones.

En principio, se trataba de un sujeto que poseía un automóvil, algo que en la URSS no era frecuente. Por el semen encontrado en las víctimas, se supo que su grupo sanguíneo era AB. Por fin, los investigadores policiales arribaron a la certeza de que no se trataba de un retrasado mental, como suponía el gobierno y avalaba una parte de la prensa.

Una vez asumido el acuciante problema, se sumaron a la caza varios investigadores llegados de Moscú, con más experiencia en criminalística. Por fin establecieron que se trataba de un hombre en apariencia normal, posiblemente casado y con un trabajo estable. Eso lo haría pasar desapercibido, evitar sospechas y ganarse la confianza de sus víctimas.

El perfil no estaba errado. Faltaba el individuo portador de ese perfil.

Salvado por un detalle

Chikatilo fue detenido por primera vez el 14 de septiembre de 1984 en el mercado de Rostov, cuando se lo vio merodeando por el populoso lugar. A pesar de que la policía había elaborado una larga lista de 26,000 sospechosos, el perfil de "La gansa" era el que mejor encajaba a juicio de los investigadores.

Ese día, lo único que pudo comprobar la policía fue que el grupo sanguíneo de Chikatilo era A y no AB, como resultaron ser las muestras de semen obtenidas en los cadáveres, y fue liberado inmediatamente.

Entre 1984 y 1990, el carnicero de Rostov asesinó a nueve mujeres y un niño; pero, como al comienzo de su actividad delictiva, los crímenes eran más bien aislados y separados en el tiempo.

Pero en 1990 asesinó a dos mujeres y siete niños, y ello entre enero y noviembre. Precisamente, el 6 de noviembre de 1990, uno de los detectives que integraba el cuerpo de vigilancia reforzado en torno de la estación de Leskhoz (en donde había aparecido el último cadáver), el sargento Ígor Rybakov, vio que un hombre muy bien vestido emergía del bosque y se dirigía a la fuente para lavarse las manos. Tenía un dedo vendado y una mejilla manchada de sangre.

Rybakov se acercó, le pidió documentación y, como no tenía ningún justificativo para detenerlo, lo dejó marchar; pero consignó lo ocurrido y asentó el nombre del sospechoso.

Cinco días más tarde, en el bosque de donde había emergido Chikatilo, apareció en cadáver de Sveta Korostic, con las mismas amputaciones que eran la firma del asesino. Inmediatamente se vinculó a la víctima con el hombre que se había lavado las manos en la fuente. Ya estaban en el camino justo.

Antes de pedir la detención del Carnicero de Rostov, los investigadores policiales se dedicaron a estudiar el historial del exmaestro de escuela, y a vigilarlo discretamente. No querían tener que volver a liberarlo por un mínimo error o desacierto de método. Un dato resultaba contundente: los destinos de sus viajes y los días que había estado en cada lugar correspondían, con toda exactitud, a los lugares y los días en que habían sido encontrados los cadáveres mutilados, todos de la misma manera.

Por fin, el 20 de noviembre de 1990, Andrei Chikatilo fue detenido y acusado de haber asesinado a 36 personas. También pudieron comprobar que, aunque su sangre era del tipo A, su esperma era AB.

El arresto y la acusación, empero, no significaban que Chikatilo era culpable. Los investigadores debían obtener una confesión del reo, y para ello disponían de diez días.

La fiera no debe huir

Contrariamente a lo que de antemano suponían los uniformados, la tarea de hallarlo culpable resultó sumamente difícil. Tanto, que a punto se estuvo de tener que liberarlo nuevamente.

No dio resultado la idea de introducir en la celda del carnicero de Rostov a un soplón que pudiese sacarle información. Tampoco uno de los más hábiles interrogadores, de apellido Burakov, logró que se quebrase y confesara. Cada vez que Chikatilo parecía a punto de admitir los crímenes, se recomponía y volvía a su relato original: en efecto, tenía ciertas desviaciones sexuales, pero no había matado a nadie. Además, en los días y los horarios en los que supuestamente había matado, se hallaba en su casa, con su esposa.

El 27 de noviembre prometió que, si dejaban de hostigarlo, aportaría las pruebas que le pedía la policía. Pero Burakov ya había tropezado con la misma promesa, y sabía que sólo tenía como propósito que el tiempo pasara. Entonces decidió convocar al mismo psicólogo que en 1987 había trazado un perfecto perfil del presunto asesino. Era el doctor Bukhanovsky, de Moscú.

Con mucha habilidad, el profesional se presentó ante Chikatilo. Fue educado, cortés y considerado con su interlocutor, que por cierto no era un analfabeto. Hablaron en general de los crímenes, de sus móviles habituales y los supuestos en esos casos específicos, del trasfondo psicológico de los asesinatos. Luego, Bukhanovsky le habló de lo comprensible que era que un hombre con el perfil de Chikatilo, con sus traumas y limitaciones, obrase de la manera en que la policía suponía que él había obrado.

Andrei se sintió comprendido y se allanó a confesar sus crímenes sin omitir el mínimo detalle. Tal precisión sólo podía provenir del verdadero asesino, y el círculo se cerró.

Cuando el Carnicero de Rostov terminó de colaborar abiertamente con la policía, señalando lugares, días y horas, la cuenta de cadáveres ascendió a 53: 31 mujeres y 22 hombres.

El 15 de octubre de 1992, luego de seis meses de juicio, Andrei Románovich Chikatilo fue condenado a la pena de muerte por el tribunal que trató su caso. El asesino había presenciado todo el juicio desde una jaula blanca. Su caso fue emblemático. Toda su familia (la esposa y sus dos hijos) debió cambiar de apellido para seguir viviendo en Ucrania. Adoptaron el apellido de la madre: Odnachev.

Andrei Chikatilo sigue siendo considerado el peor asesino en serie de toda la historia de la Unión Soviética. En un momento dado, como una manera de justificarse ante el tribunal, sacó su sexo laxo, lo exhibió y dijo: "Miren qué cosa inútil poseo. ¿Podía hacer otra cosa con esto?"

Su sentencia se cumplió el 14 de febrero de 1994 en la prisión de Rostov del Don, mediante un tiro en la nuca.

Bajo el amparo del nazismo

Los asesinos seriales no siempre torturan y matan por fuera de la ley. Hubo quienes, amparados por determinadas condiciones político-sociales, pudieron practicar todo su sadismo homicida protegidos por un cierto tipo de "ley" que ciertos Estados, en determinados momentos, instauraban. Es el caso de quien pasó a la historia con el apodo de "La perra de Belsen", o "La bella bestia".

Irma Ilse Ida Grese nació en Wrechen, Alemania, el 7 de octubre de 1923, en el seno de de una familia de clase baja. Su padre era lechero, y su madre, ama de casa. Pronto, la agraciada jovencita, de hermosos ojos celestes y clarísimo pelo rubio, mostró tanto su adhesión incondicional a la Liga de la Juventud Femenina Alemana, una rama de las Juventudes Hitlerianas, como un escaso interés por la escuela.

En casa de los Grese, la situación nunca fue muy armónica; Alfred, el padre de Irma, no comulgaba con el Partido Nazi, por lo cual desaprobaba las actividades de su hija, quien, con apenas 15 años, dejó la escuela para siempre.

Berta, la madre de Irma, era una mujer con una personalidad muy inestable, enfermizamente celosa. En 1936, al enterarse de que su esposo la había engañado con otra mujer, se tragó una botella entera de ácido clorhídrico y, pese a los esfuerzos de los médicos, falleció en el hospital.

En 1942 Irma ya tenía 18 años, la edad mínima requerida para postularse como guardia de alguno de los campos de concentración que administraban los nazis. Entonces ingresó a los entrenamientos en Ravensbrück, el mayor campo de concentración de mujeres que montó el nazismo durante la Segunda Guerra Mundial. Cuando la muchacha llegó a su casa con el uniforme que lucían los cancerberos nazis, el padre la echó. Ella lo denunció, y Alfred acabó en prisión.

Si bien como voluntaria en Ravensbrück ya comenzó a mostrar no sólo un cerrado fanatismo nazi sino también un sadismo casi impropio de una adolescente, fue en Auschwitz, a donde fue trasladada, que su carrera alcanzó el escalafón más alto al que podía aspirar.

A finales de 1943, Grese fue ascendida a supervisora, convirtiéndose en la mujer más poderosa del campo, sólo por debajo de María Mandel, la austríaca responsable de la muerte de más de 500,000 mujeres en los campos de concentración.

De Auschwitz, Grese pasó nuevamente a Ravensbrück y finalmente a Bergen-Belsen. Su sadismo homicida ya era proverbial. Tanto, que hasta el resto de las guardianas le temían. Esa crueldad, sin embargo, contrastaba con su preocupación por verse siempre bella y bien vestida.

Con el tiempo sería proverbial ese doble costado de la todavía joven y despótica alemana; la crueldad sin límite y las horas que pasaba al cuidado de su aspecto personal, frente al espejo, con su pelo impecablemente peinado, con las botas de montar que hacía lustrar una y otra vez, incluso con vestidos que se hacía traer de importantes capitales europeas. Privilegios de quien rendía muy bien en el siniestro plan del Holocausto.

Sin límites ni frenos

En los informes confeccionados durante el juicio que se le realizó años más tarde, y en el que fue condenada a la horca por las horribles torturas infligidas a las prisioneras, y por sus crímenes aberrantes, se lee:

"Ha sido descrita como la peor mujer de todo el campo. No había crueldad que no tuviese relación con ella. Participaba regularmente en las selecciones para la cámara de gas, torturando a discreción. En Belsen continuó con el mismo comportamiento, igualmente público. Su especialidad era lanzar perros contra seres humanos indefensos".

Pronto quedó en evidencia, también, que la crueldad desplegada por "la perra de Belsen" estaba íntimamente ligada a una fuerte perversión sexual que ponía en práctica cada vez que podía. Así, gozaba también lastimando a su eventual compañera sexual, porque no se privaba de dar variedad a sus placeres.

Una de las sobrevivientes del Holocausto que la conoció en Auschwitz, Olga Lengyel, testimonió en el juicio Bergen-Belsen que Grese era, al mismo tiempo, amante de Joseph Mengele y de Josef Kramer, comandante de campo de concentración de Birkenau, con quienes desplegaba juegos se sadomasoquismo sexual.

Bella, con sus botas bien lustradas o sus vestidos nuevos, Grese se paseaba por el campo llevando de la correa a sus perros famélicos, armada con su látigo trenzado y con una pistola.

Gisella Perl, ginecóloga judía de Auschwitz, dijo respecto del accionar de "la perra de Belsen":

"Grese gustaba de azotar con su fusta en los senos a jóvenes bien dotadas, con el objeto de que las heridas se infectaran. Cuando esto ocurría, yo tenía que ordenar la amputación del pecho, que se realizaba sin anestesia. Entonces ella se excitaba sexualmente con el sufrimiento de la mujer".

En los distintos campos de concentración por los que pasó Irma Grese, se sabía que la feroz muchacha, como ya insinuamos, tenía orientación bisexual y que, luego de mantener relaciones sexuales con las prisioneras, las enviaba directamente a las cámaras de gas. Lastimando con su látigo, o con golpes de puños o puntapiés, Grese alcanzaba niveles altísimos de excitación sexual, y no sólo con las mujeres; también la excitaba hacerlo con niños. Todo le estaba permitido. Como todo asesino serial, se consideraba impune, y durante años lo fue.

Tal era su desafuero, que durante el juicio en el que fue acusada de crímenes contra la humanidad, no fue posible determinar con exactitud la cantidad de dichos crímenes cometidos por la guardiana. Se calculó que mataba a razón de 30 personas por día.

Irma Grese tenía apenas 22 años cuando fue condenada a la horca.

El 13 de diciembre de 1945, "La bella bestia" se paró frente a su verdugo sin parpadear siquiera. Su rostro se había desfigurado, y su mirada reflejaba el estado de perturbación de una loca. Sin mirar a quien debía ejecutarla, Grese pronunció su última palabra, "¡*Schnell!*" (¡Rápido!), y partió dejando un irremediable saldo de perversión y víctimas.

Mala cuna y malos presagios

Hamilton Howard "Albert" Fish tenía muy pocas posibilidades de escaparle a un destino trágico y a una vida de perturbaciones, perversiones, misticismos y violencia. Su madre padecía de alucinaciones y oía voces; tenía un hermano demente y otro alcohólico; dos de sus tíos estuvieron casi todas sus vidas internados en un psiquiátrico...

"Albert" nació en Washington DC el 19 de mayo de 1870. Su padre, Randall, que ya había cumplido 75 años cuando Hamilton Howard llegó al mundo y le llevaba 43 años a su esposa, falleció cuando su pequeño hijo tenía apenas 5 años de edad. Ese dato sería significativo y marcaría la vida adulta de Fish.

Sola en tan conflictivo hogar, su madre decide internarlo en un orfanato, donde es humillado y castigado con frecuencia, algo que, para sorpresa del propio Albert, lo excitaba al punto de producirle orgasmos. Esta característica masoquista del muchacho pronto es conocida por sus compañeros de orfanato. Hamilton (*ham* significa "jamón" en inglés) es apodado por entonces "huevo con jamón", por lo que a la muerte de un hermano adopta su nombre: Albert.

A los 12 años se le conoce su primera relación homosexual con el hijo de un telegrafista, aunque se presume que antes de eso el niño ya había mantenido relaciones sexuales con un adulto, presumiblemente uno de los celadores.

A los 15 años se gradúa en la escuela pública y comienza a visitar los baños públicos, procurando observar a niños y jóvenes semidesnudos. También empieza con prácticas de urofagia y coprofagia. Pero hasta entonces, quien más tarde sería conocido, entre otros apodos, como "el vampiro de Brooklyn", sólo se agrede así mismo. El paso siguiente, sin embargo, no tardará en ser dado.

La exhibición del horror

En 1890, Fish viajó a la ciudad de Nueva York. Tenía 20 años y para sobrevivir se dedicó a ejercer la prostitución homosexual. Comenzó también su carrera de violador de jovencitos, aunque aquellos actos nunca pudieron probarse. En Nueva York, en donde dispuso de periódicos y revistas a discreción, se aficionó a coleccionar historias de asesinos seriales, en especial las de aquellos que practicaban el vampirismo, algo que comenzaba a excitarlo.

Preocupada por el rumbo que tomaba la vida de su hijo, la madre de Albert le organizó un matrimonio con una mujer nueve años menor que él, con quien se casó en 1898. Tuvieron seis hijos, pero ella lo abandonó por otro hombre en 1917.

En esa época, "El vampiro de Brooklyn", como pasaría a la historia, comenzó a escuchar voces, y se le vio en la cima de una colina, envuelto en una frazada, proclamando que seguía instrucciones de Juan el apóstol.

Ya para entonces, "Albert" Fish no sólo violaba niños, sino que los mataba, los comía y, en ocasiones, bebía su sangre. La policía, empero, no podía relacionarlo con aquellos crímenes dispersos en varias ciudades.

Pero, en 1928, el "vampiro" asesinó a la primera niña. Su nombre era Grace Budd, y el crimen produjo un gran revuelo en la prensa y la sociedad de entonces. Antes de ultimarla, Fish había simulado ser un contratista que le daría trabajo al hermano de la niña, quien había puesto un aviso en un periódico buscando una ocupación. Y en cuanto pudo se llevó (con la excusa de sumarla a una fiesta familiar) a la niña de 10 años, que jamás regresó a su hogar.

Sin embargo, su crimen se mantuvo impune hasta seis años después, cuando ya el misticismo, el masoquismo, la homosexualidad y el exhibicionismo hacían estragos en la mente de Fish. Ese año, los padres de la niña recibieron una carta anónima aterradora que merece ser reproducida en sus partes esenciales:

"Estimada señora Budd: En 1894, un amigo mío fue enviado como asistente de a bordo de un vapor, el *Tacoma*. Era el capitán John Davis. Al llegar a destino, él y otros dos bajaron a tierra y se emborracharon. Cuando regresaron, el barco había partido. Por aquel tiempo había una hambruna en China. La carne, de cualquier tipo, costaba por entonces entre 1 y 3 dólares por libra. Tal era el sufrimiento entre los más pobres, que todos los niños menores de 12 años eran vendidos como alimento, para mantener a los demás a salvo de morir de hambre. Un chico o chica menores de catorce años no andaban a salvo en las calles. Uno podía entrar a cualquier negocio y pedir filetes o carne para estofado. Una porción del cuerpo desnudo de un chico o una chica era sacada y usted elegía la porción a ser cortada. El trasero de un chico o chica, la parte más dulce de su cuerpo, era vendido como chuleta de ternera a un alto precio. Mi amigo John permaneció allí mucho tiempo, y se aficionó al gusto de la carne humana. De regreso a N. Y. robó a dos chicos, de 7 y de 11 años de edad. Los llevó a su casa, los desnudó y los amarró a un armario. Luego quemó todo lo que ellos llevaban. Varias veces, por días y noches seguidas, los azotó y los torturó, pues debía hacer que su carne resultase buena y tierna. Primero mató al niño de 11 años de edad, cuyo trasero era el más gordo y, por supuesto, carnoso. Cada parte de su cuerpo fue cocinada y comida, salvo la cabeza, los huesos y los intestinos. Fue asado en el horno (el trasero), hervido, asado, frito y estofado. El chico pequeño le siguió del mismo modo. Por entonces yo vivía en la calle 409 E 100 a la derecha. Él tanto me decía lo buena que era la carne humana, que decidí probarla.

"El domingo 3 de junio de 1928, yo la visité en el 406 W 15 de St. Brought. Le llevé incluso un plato de queso con fresas. Almorzamos. Grace luego se sentó en mi regazo y me besó. Entonces fue que decidí comerla. Me la llevé con el pretexto de invitarla a una fiesta. Usted dijo que sí, y la dejó ir conmigo. La llevé a una casa vacía, en Westchester, que antes yo ya había elegido. Cuando llegamos, le dije que se quedase afuera. Ella empezó a recoger flores. Yo subí y me desnudé. Sabía que no debía salpicar sangre en mis ropas. Cuando todo estuvo listo, me asomé a la ventana y la llamé. Me oculté en un armario y al rato ella estuvo en la habitación. Al verme totalmente desnudo, comenzó a llorar y quiso correr escaleras abajo. La atrapé. Me dijo que se lo contaría a su mamá. La desnudé. Me pateó y me rasguñó. La estrangulé y luego la corté en pequeños trozos, para poder llevarme su carne. La cociné y me la comí. No sabe cuán dulce y tierno fue su trasero asado al horno. Por nueve días comí su cuerpo. No la violé como hubiera deseado. Murió virgen".

Un monstruo sin pudores

La escalofriante carta fue entregada por la desesperada madre de Grace a la policía. Hubo quienes creyeron que era sólo la obra de maniático aficionado a inventar historias. Pero algunos investigadores no pensaron lo mismo; en la carta se mencionaban hechos que encajaban con lo que había sido todo el proceso de secuestro y desaparición de la niña.

Había un rastro que valía la pena seguir: el sobre en el que se había guardado la carta tenía en uno de sus vértices un hexágono que contenía una sigla: "N.Y.P.C.B.A", que identificaba a la Mutual Privada de Choferes de Nueva York.

En la sede de la mutual, la policía recogió el testimonio de un portero que admitió haberse llevado algunos sobres y que, cuando se mudó, los había dejado sobre una mesa de la habitación que hasta entonces alquilaba, y dio la dirección

Hasta allí fueron los investigadores. La propietaria del inmueble les informó que, tras la salida del portero, quien había rentado el cuarto y vivía en él era Albert Fish.

La policía lo esperó, y cuando el "vampiro" llegó lo trasladaron a la comisaría. Durante el camino, William King, el oficial que comandaba la investigación, le informó que se lo acusaba de crimen de la pequeña Grace Budd, hecho que, para su sorpresa, Fish no intentó negar.

El juicio comenzó el lunes 1 de marzo de 1935, y con él, las más espantosas revelaciones de lo que había sido el raid delictivo del "vampiro" Albert Fish.

Se supo, por ejemplo, que su primer asesinato ocurrió en 1910 en el estado de Delaware y que su víctima fue un niño de nombre Thomas Bedd. También se conoció la suerte que había corrido el pequeño Billy Gaffney, desaparecido el 11 de febrero de 1927, y de cuyo cuerpo jamás se supo. La madre del niño, al enterarse de que había sido Fish el secuestrador, le envió una carta a la prisión de Sing Sing, pidiéndole que le dijera qué había hecho con su hijo.

Fish, sin problemas, le contestó:

"Lo llevé a los basurales de Riker Avenue. Allí hay una casa que permanece deshabitada, no lejos de donde lo tomé, y entonces llevé al chico ahí. Lo desnudé y le até manos y pies. Lo amordacé con un trapo sucio que recogí en el basural. Entonces quemé sus ropas y arrojé sus zapatos al basural. Regresé, tomé el tranvía de 59 Street a las 2 a.m. y caminé de ahí hasta casa. Al otro día, cerca de las 2 p.m., llevé herramientas y un muy buen látigo de nueve puntas, casero, de mango corto. Corté uno de mis cinturones a lo largo, por la mitad. Corté esas mitades en seis tiras de cerca de 8 pulgadas de largo. Azoté su trasero desnudo hasta que la sangre corrió por sus piernas. Le corté las orejas, la nariz. Le corté la boca, de oreja a oreja. Le saqué los ojos. Ya estaba muerto entonces. Hundí el cuchillo en su vientre, acerqué mi boca a su cuerpo y bebí su sangre. Recogí cuatro bolsas viejas de patatas y reuní una pila de piedras. Lo corté en pedazos. Tenía un fardo conmigo. Puse su nariz y oreja y una cuantas tiras de vientre en el fardo...".

Fish le narró a su madre cómo se deshizo de parte del cuerpo de su hijo hundiéndolo, con el contrapeso de las piedras, en unas aguas cenagosas. Respecto de la otra parte, la que conservó, no le ahorró detalle ni dolor a la pobre mujer:

"Regresé a casa con mi carne. Tenía la parte de su cuerpo que me gustaba. Su 'mono' [pene] y los 'pee wees' [testículos] y un agradable y gordo trasero para asar en el horno y comer".

Casi como en un recetario de cocina, la carta continuaba con una descripción minuciosa del tipo de estofado que preparó con cada parte del cuerpo del pequeño, además de mencionar con detalle las verduras con que acompañó cada plato.

La sensación postrera

Durante el juicio, aquel hombre, que parecía ya un anciano pacífico y entrañable, confesó que sentía unos deseos irrefrenables de beber sangre y, en las noches de luna llena, comer carne cruda. Y asumió no menos de 100 ataques a niños.

En tren de sorprender al tribunal con sus aberraciones, admitió que le producía una enorme excitación comerse sus propios excrementos, tanto como introducirse trozos de algodón empapados en alcohol en el ano y luego prenderles fuego.

Recordó también ante el jurado que había secuestrado a un adolescente vagabundo durante dos semanas, y que en ese tiempo sometió al muchacho a todo tipo de castigos; lo obligó a comerse sus excrementos y a beber su orín. Admitió que varias veces, en los quince días en que lo tuvo secuestrado, le cortaba las nalgas para beberse su sangre.

Reconoció que uno de sus placeres favoritos consistía en clavarse agujas alrededor de los genitales y, en efecto, una radiografía que se le realizó mostró que existían 29 agujas dentro de su cuerpo.

A pesar de que la defensa de Fish, el abogado James Dempsey, intentó convencer al jurado de que el "vampiro" estaba loco, los especialistas que desfilaron como testigos, luego de haberlo sometido a distintas pruebas, admitieron en él perversiones como pedofilia y sadismo, pero jamás demencia.

Hamilton Howard "Albert" Fish fue encontrado culpable de, al menos, 15 asesinatos, y fue condenado a morir en la silla eléctrica. Cuando conoció su sentencia, se alegró por poder sentir el "último escalofrío" en la silla eléctrica, algo que nunca había experimentado.

El 16 de enero de 1936, Hamilton Fish (también "El hombre gris" o el "El hombre lobo de Wysteria") tal vez habrá sentido esa última sensación. La sociedad, en cambio, experimentó un verdadero alivio.

Capítulo 5
Mujeres sin amor, niños sin culpas

Al terminar la Segunda Guerra Mundial, la vida de Raymond Martínez Fernández, por entonces con 31 años de edad, cambiaría radicalmente. Hubo quienes afirmaron que la compuerta de acero que cayó sobre su cabeza, en el barco que lo trasladaba a América, le había producido tales daños que hicieron de él un ser peligroso y antisocial, pero eso no estaba probado, aunque tenía altos grados de factibilidad.

Lo cierto es que había nacido el 17 de diciembre de 1914, en Hawai, Estados Unidos. Sus padres eran españoles, y cuando Raymond tenía 18 años, toda la familia regresó a España, más precisamente a Órgiva, en Granada. No les fue nada mal allí. Su padre, incluso, llegó a ser alcalde, y la familia gozó de bienestar en su propia tierra.

Siendo un muchachón ya formado, Raymond se enamoró de Encarnación Robles, se casó, tuvo cuatro hijos, se alistó en la Marina Mercante española y al comenzar la guerra pasó a ser parte del Servicio de Inteligencia británico, ocupación que duró lo que la contienda.

Luego, ya en tiempos de paz, mientras viajaba a Curazao en busca de nuevos horizontes, habiendo abandonado a su mujer y sus hijos españoles, ocurrió lo de la escotilla de acero y la internación durante tres meses en un hospital. Desde entonces su vida fue otra.

Apresado en Mobile por robar ropa, mientras viajaba hacia Alabama, debió purgar un año de prisión, tiempo durante el cual aprendió los ritos del vudú y la magia negra.

Al quedar en libertad, Fernández se afincó en Brooklyn, donde comenzó una curiosa carrera criminal: se dedicaba a responder a los avisos que mujeres solas ponían en los periódicos para buscar parejas.

El resto fue lo que le ganó su lamentable fama.

Un afortunado seductor

Bien parecido, educado y seductor, Fernández invitaba a las muchachas a una copa, luego a una cena, y más tarde a un hotel para tener sexo. Allí las despojaba del dinero y las joyas que llevaban y las abandonaba. El delincuente sabía que, por regla general, las mujeres no acudirían a la policía, por vergüenza o temor al ridículo.

Era 1947 y, por entonces, en los Estados Unidos, la cantidad de mujeres superaba a la de los hombres en un número mayor de 1 millón 300 mil, debido a las bajas masculinas sufridas durante la guerra, de modo que no eran pocas las mujeres que procuraban hacerse de una pareja o de reponer la ya perdida. Y lo hacían por medio de avisos en los periódicos, o a través de un club llamado "Corazones solitarios".

Hasta allí, las andanzas del Don Juan no superaban el delito de robo, pero todo comenzó a cambiar cuando Fernández conoció a Jane Lucilla Thompson. Esta mujer divorciada se enamoró locamente del Casanova y, sabiendo que su amante había vivido largos años en España, compró una par de pasajes para que Fernández pudiese mostrarle las bellezas de la tierra de sus padres. Ambos iniciaron un crucero pleno de maravillas, y Raymond fue el más amoroso de los guías posibles. Sólo cometió el error de pisar la tierra donde aún estaba su mujer legal.

Encarnación Robles lo vio llegar con otra mujer, que para colmo le fue formalmente presentada por su esposo, y estalló. Tuvo lugar entonces una batalla que comenzó en el lugar de la importuna visita y terminó dentro del hotel de los turistas, del que Raymond fue visto salir huyendo por la noche. Llegada la mañana, hallaron el cuerpo sin vida de Jane. Curiosamente, el cuerpo fue enterrado sin que le efectuaran la debida autopsia. Las sospechas crecieron y, al exhumar el cuerpo, se dictaminó que la mujer había muerto envenenada. Raymond volvió a Estados Unidos, precisamente a Nueva York, llevando un testamento falso: era, teóricamente, el nuevo propietario del hogar de Jane. Allí vivía aún la madre de la fallecida, pero Raymond no dudó en apropiarse de "lo suyo" y la dejó en la calle.

El Casanova había cruzado un límite, pero se convenció de que lo que había ocurrido era providencial, por lo que no debía preocuparse. Y así, durante los siguientes meses, continuó contestando avisos en los periódicos, tratando de aliviar la pena de las mujeres que publicaban en la sección de "Corazones solitarios".

En noviembre de ese convulsionado 1947, Fernández leyó el anunció de una mujer algunos años más joven que él, que se definía como "ingeniosa, vivaz y con mucha personalidad". Su nombre era Martha Beck.

Ilusiones y promesas

Martha era seis años menor que Fernández. Su nombre de soltera (Beck era el apellido de quien fuera su marido) era Martha Jule Seabrock, y había nacido el 6 de mayo de 1920 en Florida, Estados Unidos.

Su infancia, adolescencia y primera juventud no pudieron ser peores. Hija de un matrimonio en el que primaba una madre totalitaria y dominante. Su padre, sumiso y tímido, abandonó el hogar cuando Martha tenía apenas diez años. La pequeña, que debido a un problema glandular padecía de un gran sobrepeso, distaba de ser agraciada. Por añadidura, siendo aún una niña, fue violada por su hermano mayor y cuando Martha se lo contó a su madre, recibió por toda respuesta una paliza.

Creció ávida de sexo (su madre le espantaba pretendientes), producto de un desarrollo precoz, y se convirtió en una mujer dominante y de mal carácter. Se recibió de enfermera, se casó, tuvo dos hijos y luego se separó.

A esa mujer de 115 kilos y un buen empleo como superintendente de enfermeras en un hospital de niños de Pensacola, le contestó Raymond Martínez Fernández a comienzos de un prometedor diciembre.

Dio comienzo entonces un encendido intercambió epistolar, que incluía fotos no siempre muy representativas. Fernández aparecía con un bisoñé que ocultaba su temprana calva, y a Martha se la veía entre todo el grupo de enfermeras del hospital, bastante escondida, lo que disimulaba su considerable sobrepeso.

Por fin, antes de ir al encuentro de su nueva presa, Fernández quiso asegurarse de que la dominaría por completo. Para ello, tal cual prescribe el rito vudú que hacía tiempo había empezado a practicar, necesitaba algún objeto que la mujer llevase sobre su cuerpo. El Don Juan le pidió un mechón de su cabello, detalle que, por alguna razón, encendió aun más a la enfermera.

El 28 de diciembre de 1947, Raymond Fernández se subió al tren que lo llevaría desde Nueva York hasta Florida, donde se encontraría con su nueva víctima.

El encuentro fue todo lo feliz que Martha Beck podía haber imaginado. Fernández era un hombre apuesto, galante, y decididamente bueno en la cama. Para el Don Juan, en cambio, la relación con la enfermera debía ser asumida como puro trabajo, y así la tomaba él. Necesitaba confirmar si Martha tenía dinero y, al cuarto día de estar juntos y tener sexo cada noche, Fernández comprobó que la mujer tenía un buen empleo pero no le sobraban los dólares, de modo que se despidió prometiendo que volvería para llevársela a Nueva York.

Todo es mejor de a dos

Desde luego, Beck había quedado convencida de que la promesa de Fernández suponía un compromiso matrimonial, y así lo hizo saber a sus familiares y en el hospital en el que trabajaba.

A mediados de enero de 1948, Martha recibió una carta de Fernández. La misiva no tenía por objeto devolverle todo el amor que ella le había expresado reiteradamente, sino informarle que lo que él sentía por ella era sólo respeto y que no deberían volver a verse.

La enfermera se sintió a punto de enloquecer o morir, y casi logró hacerlo cuando metió la cabeza dentro del horno y abrió la llave de gas. La salvó una vecina que llegó providencialmente. Por algo habría de ser.

Antes del intento de suicidio, Martha le había escrito una nota de despedida a Fernández en la que describía el modo en el que habría de suicidarse. Cuando recibió la misiva, acaso por algo de remordimiento, el Don Juan la invitó a Nueva York. La restablecida enfermera pidió dos semanas de licencia en el hospital y junto con sus dos hijos se subió al tren que los llevaría desde Florida hasta Nueva York. Ella estaba dispuesta a hacer todo lo que Fernández le pidiera, y él pensó que tal vez podría sacar provecho de esa incondicionalidad.

Pasados los quince días, Martha regresó a Florida y se enteró de que habían sido despedida del hospital; la turbulenta relación con Fernández, más el difundido intento de suicidio había llevado a las autoridades a desprenderse de ella. Luego de cobrar la indemnización, y una vez más junto a sus hijos, la mujer abordó el tren que la llevaría a Nueva York, y el 18 de enero de 1948 golpeó la puerta del departamento de su amado.

Raymond se enfrentó de golpe con Martha Beck y sus hijos. ¿Qué sería de él y su actividad? Pero en realidad había ganado una aliada, ya que Martha estaba decidida a hacer por él lo que fuese. Sin embargo, sus hijos los estorbaban, y el

25 de enero, sólo una semana más tarde, Martha los dejó en una dependencia del Ejército de Salvación.

Ya con sus manos libres, Raymond le reveló a su enamorada toda la verdad, sin ocultarle detalle. ¿Había mayor prueba de amor? Y Martha le reafirmó un amor que no habría de detenerse ante nada que le pidiese.

De allí en más, comenzaron a trabajar en pareja, reafirmando un extrañísimo juego de alianza laboral que parecía consolidar aun más su relación de amor.

La "técnica" que Fernández pondría en juego a partir de entonces era la de encontrar víctimas (gracias a la membresía que obtuvo en un club que se dedicaba a unir personas solas) y casarse con ellas, presentando a Martha como su hermana.

Una vez casados, Fernández debía quitarle a su "esposa" todo lo que pudiese y luego abandonarla. El plan parecía impecable, pero el Casanova no contaba con los celos enfermizos de Martha, dispuesta a lo que fuese necesario para que el Don Juan no consumase el matrimonio en la cama.

Fernández vendió el departamento que le había robado a Jane mediante el testamento falso, y la pareja emprendió un viaje que los llevaría por distintas ciudades de los Estados Unidos. Se trataba, claro, de estar en el lugar en el que vivía la víctima elegida. Y se trataba también de ir "livianos de equipaje", para poder marcharse rápido tras cada delito.

Amores que matan

A mediados de 1948, mediante un anuncio, la pareja se conectó con Myrtle Young, una viuda de cuarenta años que vivía en Arkansas. Hacia allá viajaron Raymond Fernández y su "hermana" Martha. Myrtle no era precisamente una mujer agraciada y, al igual que su hipotética cuñada, cargaba un importante sobrepeso. El apuesto Fernández era para ella casi un regalo del cielo.

La viuda y él se casaron el 14 de agosto de 1948 y fueron a pasar la luna de miel a Chicago. En una pensión barata, los tres dormían en una misma habitación, lo que impedía que Myrtle y Raymond consumaran, de momento, su matrimonio.

A la semana, la recién casada, que ya les había "prestado" 4,000 dólares a su nuevo marido y a su "cuñada", le exigió a Fernández que se deshiciese de la molesta tercera en cuestión; en caso contrario, sería ella quien se marcharía.

La discusión fue volviéndose cada vez más violenta hasta que el Don Juan obligó a Myrtle a ingerir una pastilla que la calmaría. Eran barbitúricos en una dosis letal. Con la promesa de solucionar el fastidioso triángulo, la pareja subió a Myrtle al autobús que la regresaría a Arkansas. Le habían sacado todo el jugo posible. De allí en más, Dios o el Diablo dirían.

La mujer sufrió un ataque durante el viaje. Al llegar fue llevada de urgencia a un hospital, pero falleció de una hemorragia cerebral. Mientras tanto, los celos enfermizos de la exenfermera comenzaban a mostrar las infaustas consecuencias que acarrearían a la pareja.

A finales de 1948, Raymond y Martha ya habían localizado a su siguiente víctima. Se trataba de Janet Fay, una viuda de 66 años, devota católica. Fernández, bajo el nombre de Charles Martin, fingió compartir el fuego religioso de la viuda durante el breve intercambio epistolar con ella mantenido. Y, el primer día del año 1949, Fernández y Beck se apersonaron en el departamento de la viuda, en Albany.

Luego de las presentaciones y de que el Casanova y su "hermana" alquilaran una habitación en un hotel cercano al domicilio de la víctima, comenzaron las salidas y los galanteos. No le resultó difícil a Fernández que la mujer aceptara su propuesta de futuro matrimonio y de que se mudaran a Long Island, a un departamento que Beck ya había alquilado.

Antes de la mudanza, Janet vació sus cuentas bancarias, por sugerencia de Fernández, reuniendo unos 6,000 dólares en cheques, que debían depositar en algún banco del nuevo lugar de residencia. Cabe aclarar que el valor relativo de esa suma era mucho mayor al de hoy.

El 4 de enero, sin que la viuda tuviese tiempo de depositar el dinero que había sacado de los bancos, ocurrió la tragedia. Martha Beck entró a la habitación en donde sólo el Casanova debía estar durmiendo. Al ver a Janet y Fernández juntos y desnudos, cegada por los celos y en medio de una discusión, Martha tomó un martillo y le partió la cabeza a la viuda.

Reaccionando de golpe, ambos echaron mano a una bufanda e impidieron que la profusa sangre enlodara el piso. Luego limpiaron todo el cuarto exhaustivamente. Al otro día compraron un enorme baúl, que ocultaron en el sótano de una casa alquilada en Queens, bajo una prudente capa de cemento. Una semana después ya habían cobrado los cheques y escribieron, como si fueran la muerta, una carta a la familia de Janet: pronto serían marido y mujer, todo estaba bien. Pero algo no lo estaba.

Para evitarse el problema de la letra, la pareja había usado una máquina de escribir. La familia Fey recibió la carta y desconfió, pues Janet no sabía mecanografía y menos poseía una máquina. Fueron a la policía, que procedió de inmediato. Pero ya ni rastros de la pareja.

Hasta que la muerte los una

En rigor, Fernández y Martha estaban camino a Michigan, donde vivían Delphine Downing, una viuda de 41 años y su pequeña hija de 2 años, Rainelle. Delphine le había respondido a Charles Martin, y a su encuentro viajaba el candidato, siempre acompañado por su inefable "hermana", para instalarse en la casa de su futura esposa.

Corrían los últimos días de enero, y la joven viuda y el Don Juan ya dormían juntos todas las noches, para odio y desesperación de la exenfermera.

Sin embargo, una mañana Delphine entró sorpresivamente al baño en donde estaba Raymond y lo vio sin bisoñé y con la gran cicatriz que le había dejado en la cabeza la compuerta de acero. Ante esa imagen que desconocía, la mujer comenzó a gritarle e insultarlo, tratándolo de fraudulento y exigiéndole que se marchara. Él, sin discutir, le pidió que antes tomara un par de pastillas tranquilizantes, porque no podía dejarla en ese estado. Y ella aceptó.

Las pastillas, en realidad, eran somníferos. Cuando Delphine se durmió, Fernández tomó un revólver que había sido del marido de la joven viuda, envolvió un pañuelo en el caño y le descerrajó un balazo en la cabeza.

Luego, la enfermera envolvió prolijamente el cadáver en una sábana. Lo llevaron al sótano, Fernández cavó un hoyo, ambos echaron el cuerpo adentro y luego lo cubrieron con cemento.

Pocos días más tarde, decidieron también el destino de la pequeña Rainelle, a la que no podían depositar en un orfanato. Martha la llevó al sótano, llenó de agua una gran tina y la ahogó (escena que luego recreó con patetismo el director mexicano Arturo Ripstein en su film *Profundo carmesí*). Cavaron otro hoyo, metieron allí a la criatura y también lo cubrieron todo con cemento.

El tiempo que les llevó cobrar varios cheques de las cuentas de la viuda fue el mismo que insumió el despertar de las sospechas de los vecinos, ya extrañados de no ver a la madre y su pequeña hija.

El día en que la pareja se disponía a marcharse, la policía se presentó en el apartamento, y ambos quedaron detenidos. Se los interrogó en el condado de Kent, y Raymond Fernández se decidió a confesar a cambio de que se los juzgase en Michigan. Allí no había pena de muerte, a diferencia de lo que ocurría en Nueva York. Se acordó, y ambos fueron acusados de 17 asesinatos.

Lo impensable ocurrió cuando los periódicos neoyorquinos decidieron darle un gran despliegue al caso, logrando que la opinión pública les exigiese a las autoridades de

Nueva York que los asesinos fuesen remitidos a esa ciudad.
Y así se hizo. Hubo fallidos intentos de que se tomara a uno o a otro
como insano, descargos y acusaciones cruzadas que eran tác-
ticas legales y no grietas en el amor, pero todo siguió su curso
y, el 22 de agosto de 1949, la pareja fue condenada a morir en
la silla eléctrica.

Después de varias apelaciones, la sentencia se cumplió el
8 de marzo de 1951. Hasta último momento, ambos dejaron
sentados un amor que iba más allá de la incomprensión de
quienes los juzgaban.

Sangre de inocentes

El sábado 3 de noviembre de 2001, la mayoría de los periódicos del mundo recogían un cable de la agencia de noticias
EFE, fechado en Bogotá, Colombia. El cable, con el estilo
característico de este tipo de comunicaciones, decía:

"La justicia condenó al mayor asesino en serie de la historia de Colombia a 1,853 años de prisión por el asesinato
de 172 niños, informaron hoy fuentes de la Fiscalía General citadas por radio 'Caracol'. La condena acumulada contra
Luis Alfredo Garavito, considerado el segundo mayor homicida en serie del mundo, es la más alta que impone la justicia
colombiana, señalaron las fuentes. Garavito está acusado de
172 asesinatos de niños en diferentes partes de Colombia,
antes de ser capturado hace dos años en la ciudad de Villavicencio a 200 kilómetros al sureste de Bogotá [...]. Las víctimas de Garavito fueron niños de entre 6 y 16 años, de origen
modesto, a los que contactaba en calles, plazas, estaciones de
autobuses y a la salida de los colegios, y ofrecía dinero antes
de matarlos bajo los efectos del alcohol".

Se lo conoció como "El monje" o "La bestia", pese a que su apariencia era la de un simple vendedor ambulante pacífico y bondadoso. Nacido en Génova, un pueblito ubicado al sur del departamento de Quindío, el 25 de enero de 1957, su infancia fue casi horrorosa. Abusado sexualmente por un vecino y por un amigo de su padre, abandonado luego por su padre y su madre, Garavito se crió en un orfanato en donde abundaban las palizas.

Abandonó el colegio mientras cursaba el quinto año de la primaria, y desde entonces comenzó a trabajar en distintas tareas para ganarse la vida. Pero a medida que crecía se aficionaba cada vez más al alcohol y padecía de raptos de ira que acababan en despidos, o en la paulatina pérdida de compañeros.

Tenía ya 35 años cuando decidió someterse durante cinco años a un tratamiento psicológico que brindaba el Seguro Social, pero el trabajo de los psiquiatras no obtuvo grandes resultados.

Al concluir el tratamiento, Garavito se convirtió en vendedor ambulante y comenzó a recorrer Colombia, y a pesar de que se enamoró y convivió con una muchacha de nombre Claudia, que tenía dos hijos, jamás pudieron tener relaciones sexuales con penetración porque Garavito era impotente.

Sin embargo, la impotencia parecía desaparecer cuando los niños pasaban a su lado. Él mismo confesaría luego que lo asaltaba un impulso irrefrenable por acariciar al eventual niño, desnudarlo, atarlo y violarlo.

Rienda suelta al instinto

Según su propio testimonio, el raid delictivo de "La bestia" comenzó en 1992, y su primera víctima (o una de las primeras) fue un niño de unos siete años, Jaime Andrés González. Con él hizo lo mismo que haría con los otros 171 niños.

Garavito abordaba a pequeños de familias pobres, a la salida de la escuela, en campos deportivos o en barrios marginales. Les ofrecía dinero y los invitaba a caminar con él hasta algún lugar descampado, mientras bebían del pico de su botella de brandy.

Cuando llegaban a un lugar despoblado y el alcohol comenzaba a hacer efecto, Garavito los desnudaba, los ataba, los violaba, y luego comenzaba a golpearlos con los puños y a patearlos. Con un cuchillo les amputaba manos y orejas, y luego los degollaba.

Algún tiempo después de que se conociera la pena que la justicia colombiana le aplicó a Garavito, un grupo de investigadores realizó un largo y pormenorizado trabajo que indagaba en la personalidad de este asesino serial utilizando, además, sus propias declaraciones frente a los fiscales.

Narrada ya la etapa de la niñez y de la adolescencia, los autores de un trabajo para el sitio web *Psicología Jurídica* acudieron al recuerdo del propio Garavito cuando, en 1981, trabajaba como empleado de un supermercado.

Según reproducen Barón Chilito, Cortés Caballero, Guivanni Porras Mojica y Elisa María Velazco Franco:

"Muchas veces me ocurrió que llegaban menores de edad al supermercado a comprar algo, y a mí me iba dando un deseo, lo que yo siempre he denominado una fuerza o un impulso de estar con ese menor de edad, acariciarlo, violarlo. En las horas de almuerzo aprovechaba, dos horas, y me iba para la vecina población de Quimbaya. Allí accedí a varios menores en diferentes fechas y épocas. En esa primera vez, a algunos niños que accedí en Calarcá únicamente los acariciaba, los amarraba, les quitaba la ropa y los violaba, pero finalizado el 80 y comienzos del 81, me voy para la ciudad de Sevilla, me llevo a un menor, y de pronto no sentía placer solamente con acariciarlos y violarlos, sino que llevaba cuchillas de afeitar, velas y encendedores".

Más adelante, Garavito se volvía mucho más específico respecto de ciertas prácticas por él llevadas a cabo:

"En algunas oportunidades les hacia tomar el semen y me quitaba un diente para poder morder a los niños, el incisivo lateral derecho; ese diente me lo hice colocar porque mi papá me lo tumbó cuando yo tenía quince años. Yo sentía como un descanso, me sentía bien haciéndoles esto a los menores, les mordía las tetillas, les tajeaba los brazos, y por los lados de las nalgas los quemaba".

Vemos un hecho ya a esta altura repetido en varios casos anteriores. El apetito sexual repentinamente descubierto en objetos de placer no habituales, y el creciente condimento de verter sangre en la escalada del placer del violador.

Durante la segunda mitad de la década de los 90, tanto la policía como la prensa colombiana aparecían completamente desorientadas. La aparición de cadáveres de niños en estado de descomposición, en diferentes ciudades del país, daba lugar a todo tipo de especulaciones. Sólo en 1997 fueron hallados 36 cuerpos de niños, salvajemente golpeados y degollados en las afueras de la ciudad de Pereira.

Los investigadores y las presunciones de los medios de prensa apuntaban a una red de venta de órganos, a sectas satánicas, o a organizaciones dedicadas a la prostitución infantil. Entre tanto, en su casa, Garavito coleccionaba los artículos periodísticos que daban cuenta de sus crímenes y en una libretita anotaba las fechas en que éstos se perpetraban.

Con la Biblia en la mano

El 23 de junio de 1998, se hallaron otros tres cadáveres en la ciudad de Génova; un par de meses después, otros doce en las afueras de Villavicencio, y semanas más tarde otros nueve cuerpos más.

Regresemos al trabajo realizado para *Psicología Jurídica*. Dicen los autores acerca de Garavito:

"Encontró lo que realmente le producía un profundo placer: forzar a los niños, estrujarlos y amarrarlos a la fuerza, para violarlos al amparo de un lugar boscoso. Descubrió que mientras más violencia ejercía contra ellos más intensos eran sus orgasmos; por eso comenzó a torturar a las víctimas. Después de destruir inocencia en las primeras violaciones y de las torturas a menores, Garavito vio aumentar su crisis. Cada vez era más profunda. Trató de buscar explicación de sus actos a través de la Biblia; fue así como por aquella época se tornó en un religioso compulsivo. Buscaba redención, perdón y hasta castigo para sus pecados. En la madrugada se despertaba desorientado y al recordar cada violación lloraba como un niño, pero luego reía con sarcasmo, evocando el gozo y los orgasmos disfrutados después de cada tortura".

Tamañas contradicciones, según afirman los autores del trabajo, no hacían más que hundirlo en una depresión cada vez más profunda. Buscaba en la Biblia, rezaba, anotaba cada cita que le parecía valiosa para ayudarlo con su problemática, y ya de mejor ánimo y un poco más en paz, tomaba su diario y anotaba el nombre del último niño violado.

Al comenzar 1999, el nivel de deterioro físico y mental de Garavito era evidente. Un par de chicos se le habían escapado, y eran cabos sueltos que habrían de orientar a la policía en la búsqueda.

John Iván Sabogal era un niño que vendía billetes de lotería en la plaza Centauros, de la ciudad de Villavicencio. Garavito se le acercó con un cuchillo en la mano y lo obligó a caminar hasta un área descampada. Cuando llegaron a una zona de matorrales, el asesino desnudó al muchacho y lo ató. Pero John, que hasta ese momento no había ofrecido mayores resistencias, comenzó a gritar desesperadamente.

En el mismo descampado, a pocos metros del lugar en el que estaba el niño, se hallaba un mendigo fumando marihuana; al escuchar los gritos de John, corrió hacia él y comenzó a apedrear a Gravito.

El mendigo y el niño corrieron, perseguidos por La Bestia durante un tramo, pero cuando el asesino notó que la carrera los alejaba de los matorrales, abandonó la persecución.

Al llegar a la finca Rosa Blanca, el mendigo supo que estaban a salvo y desde allí se comunicó con la estación de policía de Villavicencio. La descripción del atacante y la metodología coincidían con lo que la policía había podido recabar de los niños que pudieron escapar. Ése era el hombre al que buscaban.

Un asesino de rodillas

Por fin, el 22 de abril de 1999 y tras una intensa búsqueda, un grupo del Cuerpo Técnico de Investigadores de la Fiscalía capturó *"in fraganti"* a Garavito en Villavicencio, cuando se aprestaba a abordar a otro menor.

La persecución había sido difícil para la policía, pues el asesino se había convertido en un verdadero maestro del engaño. No sólo utilizaba nombres falsos, sino que cambiaba su apariencia con notable maestría; de pronto era un sacerdote, luego un indigente o un discapacitado. Usaba o se quitaba el bigote al igual que la barba; usaba anteojos; se pintaba el cabello de rubio... Parecían inagotables los recursos para modificar su apariencia.

Detenido e identificado pese a que había dado un nombre falso, Luis Alfredo Garavito fue conducido a la fiscalía. Allí fue interrogado durante horas, hasta que, acorralado por las contradicciones y por la contundencia de las pruebas que tenía el fiscal, cayó de rodillas, comenzó a llorar desconsoladamente y prometió que confesaría.

En el mencionado trabajo de *Psicología Jurídica*, los autores reproducen el ¿arrepentido? pedido de Garavito, que menciona incluso a su familia:

"Pido perdón a Dios, a mucha gente, a la sociedad y a la justicia. Pido perdón porque actué sin querer; algo empujaba dentro de mí a cometer estos delitos. Esto me ocurría cada vez que yo tomaba, es algo que no sé explicar, se transformaba todo mi ser, había algo dentro de mí que me obligaba a hacer esto. Cuando yo estaba en sano juicio, que no tomaba, la vida la veía diferente, todo diferente. Y ahora que conocí a Chela y al niño siempre les oculté muchas cosas, ellos me decían "por qué toma tanto si nosotros lo queremos"; más sin embargo, yo nunca podía aceptarme como yo era, yo me veía como un ser inmundo, algo vil que la vida formó…"

Luis Alfredo Garavito fue juzgado por 172 homicidios. De ellos, 138 fueron probados y se lo condenó por ellos. Hubo 32 casos que quedaron pendientes. Sin embargo, la policía estuvo siempre convencida de que Luis Alfredo "la bestia" Garavito era autor 192 crímenes. Por eso se lo considera el mayor asesino de niños en la historia del ser humano, aunque dudemos en darle a él este calificativo.

Capítulo 6
AISLADOS Y PELIGROSOS

> "El hombre no es hijo de las circunstancias.
> Las circunstancias son hijas del hombre".
> Benjamin Disraeli

A comienzos del siglo XX, Ziebice, la ciudad polaca del voivodato de Baja Silesia, era mucho más pequeña de lo que es hoy día. La mayoría de los vecinos se conocían y, suponían, sabían de las virtudes y los defectos de cada uno en su comunidad.

A Karl Denke lo apodaban *Vatter* ("Papá") Denke, y nadie dudaba de que el hombre se había ganado legítimamente ese apodo. Tranquilo, generoso, miembro prominente de la comunidad religiosa de la ciudad (era quien tocaba el órgano en la iglesia), siempre estaba dispuesto a darles techo y cobijo a los desamparados y mendigos.

Algunos dicen que la ciudad natal fue Oberkunzendorf, en Polonia, y que a los diez años se había mudado junto a su familia a Muensterberg, donde fue a la escuela y mostró un desempeño decididamente malo. Tan malo fue, que sus sucesivos docentes llegaron a considerarlo un idiota.

Nacido el 10 de agosto de 1870, en el seno de una rica familia granjera, acaso podría haber disfrutado de una buena adolescencia, pero huyó de su casa a la edad de 12 años.

Recién con la muerte de su padre y lo que le tocó de herencia, Karl pudo comenzar una vida económicamente estable y, luego de algún frustrado negocio, logró comprar la casa de la calle Stawowa, en Ziebice, en donde se ganó el mencionado apodo de Papá Denke.

Era, como dijimos, un hombre tranquilo, amable, aunque solitario y taciturno. No se le conocía vicio alguno y no tuvo problemas para que la policía local lo habilitase a desarrollar una actividad comercial, algo que Karl comenzó con relativo éxito. Vendía cinturones, tiradores, cordones para zapatos, pero también escabeche de cerdo sin hueso. Y nadie se preguntó durante sus años de comerciante de dónde sacaba la materia prima con que producía y que luego ponía a la venta.

Atrapado por un grito

Lo cierto es que aquel hombre corpulento, de pelo y barba renegrida, se alimentaba y producía lo que vendía con carne humana. Sus víctimas, en general, eran personas sin hogar a las que él cobijaba hasta ganarse su confianza, para luego matarlas, descuartizarla y deshacerse sólo de aquellas partes del cuerpo que no tenían utilidad alguna.

En realidad, comenzó a asesinar poco antes de cumplir los 40 años de edad, en 1909. Emma Sander, que tenía 25 años, fue su primera víctima. El apogeo de su "carrera" llegaría a sus 51 años, y se extendería entre 1921 y 1924. Hubo un detalle que sería inapropiado a efectos de su impunidad, pero daría precisión para fechar y localizar sus crímenes; Karl llevaba un diario de batalla donde anotaba días, horas, nombres, características y hasta el peso y diversos detalles más de sus asesinados.

Veamos en qué medio efectuó su peculiar raid.

En los años 20, en Europa, la crisis económica posbélica era muy profunda. La Primera Guerra Mundial había concluido en 1918 y, además de millones de cadáveres, había dejado a los países intervinientes en estado de grave colapso económico. Para cualquier ciudadano común y corriente, disfrutar de holgura monetaria era una utopía, y no pasar hambre regularmente, una bendición.

Hubo dos datos que hicieron sospechar a los vecinos de Karl respecto de la legalidad de sus actos: el fuerte olor que venía de su casa y la cantidad de carne de la que disponía, en tales tiempos, ese hombre solitario.

No podían imaginar, claro, que el buen samaritano mataba personas con un pico, las descuartizaba, guardaba parte de la carne para alimentarse él, y el resto lo convertía en "escabeche de cerdo", en cinturones, en tiradores, en resistentes cordones de zapatos.

Pero, como siempre pasa, algo falla en el cuidado método de los asesinos en serie. Y esta vez fueron unos gritos los que encendieron la alarma.

El 21 de diciembre de 1924, un inquilino de Karl Denke oyó que alguien gritaba en demanda de socorro. Sí, era en la planta baja, donde vivía su casero. "Algo le pasó", pensó y bajó a ayudarlo, pero se topó con un joven vagabundo que sangraba abundantemente de la cabeza. El inquilino se llevó al herido, y éste le contó que el inobjetable "Papá Denke", pico en mano, lo había atacado.

Dado el correspondiente aviso a la policía, ésta se resistió a dar crédito al hecho. Después de todo, era un vagabundo, y Karl decía haberse defendido de un intento de robo. Pero de todos modos prefirieron realizar una investigación, y Denke recibió una prisión preventiva.

El vagabundo era Vincenz Oliver, y fue gracias a su obstinada insistencia en narrar los hechos tal como habían ocurrido, una y otra vez, con precisión y sin contradicciones, que la policía decidió detener al sospechoso de infundada agresión.

Al ser arrestado, Karl Denke comprendió inmediatamente que el siguiente paso que darían los oficiales de la policía sería registrar su casa, y que estaría definitivamente perdido. Por ello, la misma noche de la detención, cuando un guardia entró a su celda para llevarle comida, lo encontró ahorcado, con una suerte de soga fabricada con un largo pañuelo.

La policía, en efecto, registró la casa y no pudo creer lo que halló bajo el techo del buen vecino. En un tambor de madera, que albergaba una solución con sal, encontraron huesos y trozos de carne. Entre los restos, que tenían poca piel, no aparecían los músculos del cuello, ni las cabezas, ni los órganos sexuales. Se encontraron también dentaduras enteras, por lo que se determinó que el "caníbal" había asesinado a, por lo menos, 40 personas. Se hallaron, además, tiradores hechos de piel humana, y documentos privados e identificatorios de los asesinados. Hallaron todo un arsenal de herramientas: hachas, sierras, martillos, cuchillos, una pica... Había además tiras de piel humana tratada con betún para ser usada como insumo de cinturones o tiradores.

Sin embargo, el hallazgo más escalofriante estaba en las hojas de papel que había utilizado como registro Denke. Allí se consignaban cientos de ejecutados, anotados con un rigor mayor en los hombres que en las mujeres, de las que mencionaba sólo el nombre.

Muchos clientes quemaron los accesorios de indumentaria que le habían adquirido, y otros tantos no volvieron a probar el escabeche de ningún animal.

Un caso de nuestros días

Las hermanas Klara y Katerina Mauerová, y la amiga de ambas, Barbora Skrlová, no pertenecen, técnicamente hablando, a la categoría de asesinas seriales. Sin embargo, fueron tan o más monstruosas que los peores criminales de dicha categoría. Todo ocurrió en Kurin, una pequeña ciudad de República Checa, en años muy recientes.

Klara nació en 1975 y ya desde niña mostró un temperamento fantasioso, irascible y místico; seguramente esquizofrénico. Se imaginaba, al igual que Juana de Arco, destinada por Dios a cumplir una misión en la tierra.

Katerina, su hermana menor, se le parecía bastante y, acaso por influencia de Klara, adoptaba conductas semejantes a las de su hermana mayor; además eran muy unidas.

Terminada la escuela secundaria, ambas comenzaron a cursar estudios universitarios y allí conocieron a una joven, con la que volverían a encontrarse tiempo después, de nombre Barbora Skrlová. Esta muchacha, producto de un tipo de enfermedad glandular poco frecuente, tenía la apariencia de una niña de entre 10 y 12 años a pesar de que ya superaba los 20.

Klara abandonó el hogar familiar siendo aún una estudiante universitaria. Se unió a un hombre mucho mayor que ella, se casó y tuvo con él dos hijos, Ondrej y Jakub. Al cabo de un tiempo, harto de las excentricidades de su joven esposa, el hombre la abandonó.

Klara se quedó sola con los niños y se comportó siempre como una madre amorosa y preocupada por el bienestar de los pequeños. Sin embargo, le costaba superar el peso de la soledad. Decidió, entonces, pedirle a Katerina que se fuera a vivir con ella y sus hijos, algo que la hermana menor aceptó inmediatamente.

El panorama comenzó a enrarecerse bajo la influencia de la amiga ya mencionada, Barbora Skrlová. Amparada en su aspecto de niña, aunque tenía ya 33 años, Barbara era una hábil manipuladora; en realidad, era una mujer perturbada, con no pocos rasgos psicopáticos y esquizofrénicos. Y fue la tercera en compartir el techo con las hermanas Mauerová.

Esa convivencia sería el punto de partida de un drama que aún recuerdan con nitidez y espanto los pocos habitantes de la pequeña ciudad de Kurin, y que trascendió al mundo entero.

Aunque las hermanas Mauerová no lo sabían, la nueva integrante de la casa ya había tenido problemas con la policía por haber sido descubierta en situación de robo, pero su aspecto infantil le había permitido eludir la cárcel o, al menos, un proceso judicial. Además había sido paciente en una institución psiquiátrica de la cual se había escapado. Incluso, por su aspecto, años atrás había sido adoptada por un matrimonio, del que también había huido.

Las dos hermanas Mauerová eran influenciables, inseguras. Sólo les faltaba la manipuladora para crear un triángulo enfermo, y el aislamiento de otras relaciones para potenciar una fórmula letal. Pero a esto se sumó un detalle más, que fue el que hizo disparar lo imprevisible.

Un trío macabro

Barbora Skrlová era miembro de un raro y peligroso culto (o secta) llamado Movimiento Grial, y logró, mediante una sutil manipulación, que ambas hermanas ingresaran a ese culto. El Movimiento Grial, originario de Gran Bretaña, cuenta con unos 300,000 adherentes, según cálculos de las autoridades inglesas. Su líder se hace llamar "El Doctor", y los miembros jamás le han visto la cara. "El Doctor" conduce enviando mensajes de texto a sus seguidores, indicándoles por este medio lo que deben hacer.

La secta propone que sus miembros se liberen de tabúes sociales como el incesto, el homicidio, la esclavitud, el maltrato infantil o la antropofagia. El Movimiento, según se sabe, funciona como tal desde la década de los años 20.

La influencia de Barbora sobre las hermanas creció, y éstas fueron adoptando con convicción todos los preceptos del culto. Era evidente que la personalidad disociada de Skrlová que de pronto se manifestaba como una niña y de repente como una adulta, alteraba y derruía las defensas de Klara y Katerina. Ya dueña de la situación, Barbora, celosa de la atención que Klara les dispensaba a sus hijos (después de todo, ¿no era ella también una especie de niña?), comenzó a acusar falsamente a los pequeños, obligando a la madre a regañarlos. Tanto martilló sobre la madre que ésta terminó pidiéndole que le sugiriese una solución para el "inmanejable" problema de sus hijos. Y Barbora no fue tibia en la respuesta.

Bajo su influjo, las hermanas mandaron a construir una reja de hierro; la ubicaron el sótano de su casa, desnudaron a Ondrej y Jakub, y los encerraron.

En medio de sus delirios sectarios y bajo el influjo de Barbora, la madre y la tía no tenían freno alguno para "castigar" a los niños; los quemaban con cigarrillos, los golpeaban sin piedad, incluso les aplicaban *shocks* de electricidad. Los pequeños se quejaban, lloraban, y de a poco, eso fue exacerbando cierto cínico placer de las torturadoras, que gozaban con aquel inocente dolor.

Los niños dormían como podían, sin abrigo ni mantas, defecaban y orinaban en la jaula, estaba llenos de sus propias inmundicias, y de suciedad propia y del lugar. Lo más grave, sin embargo, ocurrió cuando Barbora, notando que los niños habían adelgazado muchísimo, propuso que se les diera mucha comida para engordarlos. Y allí surgió en ellas (Barbora proponía pero todas coincidían) otra macabra idea.

Un mes después de iniciado el régimen forzado, cuando los niños habían recuperado buen peso, Klara tomó un cuchillo afilado, aferró tras las rejas una pierna de Ondrej y, mientras las otras dos lo sostenían, rebanó un pedazo de carne y se lo devoraron.

Bendita interferencia

Desde entonces, una vez a la semana, el cruel ritual habría de repetirse. Pero, una vez más, fue un hecho providencial el que intervino a favor de las víctimas.

Para poder controlar mejor a los niños, Klara instaló una cámara de vigilancia inalámbrica en el sótano, la misma semana que unos nuevos vecinos que se acababan de mudar instalaron una cámara en el cuarto de su bebé, también para vigilarlo. Por la precariedad de los aparatos o por algún desperfecto técnico, la cámara del vecino interceptó la señal de la cámara del sótano de Klara y, aterrado, aquél observó a las mujeres seccionando y comiéndose parte de los niños. Inmediatamente dio aviso a la policía.

El 10 mayo de 2007, Klara y Katerina fueron arrestadas. Barbora se metió dentro de la jaula, abrazó un osito de peluche, condimentando su aspecto con una voz de niña dijo ser hija adoptiva de las hermanas y, en un descuido, huyó de allí. Se refugió en Noruega y cambió su identidad: era Adam y tenía 13 años de edad, había sido adoptada de buena voluntad por un matrimonio. Un año después fue descubierta y arrestada, bajo la atónita mirada de sus vecinos. ¿Por qué se llevaban a la inocente niña? Barbora fue extraditada a República Checa y juzgada junto a las dos hermanas.

En cuanto a los verdaderos niños, fueron llevados de urgencia al hospital, pero uno de ellos murió a causa de sus avanzadas infecciones. Mediante subterfugios y piruetas legales, Klara fue condenada a 9 años de prisión, Katerina a 10 años, y Barbora, la gran simuladora, sólo a 5. Fueron tres de las sentencias más vergonzosas de los tribunales checos.

Un hijo de la calle

William Wladimir Cumbajín Bautista nació en Quito, en 1971. Sus posibilidades de tener una vida normal, la de cualquier chico, ya eran nulas. Su padre murió cuando él ni siquiera había empezado a hablar. Su madre era parapléjica y, sin embargo, violenta, alcohólica y drogadicta.

Así las cosas, el pequeño Williams apenas pudo cursar algunos años de educación elemental y luego, abandonado definitivamente a su suerte por la madre, debió aprender a vivir en la calle.

Para procurarse la comida mendigaba o, cuando algún adulto le aportaba el producto, vendía flores o caramelos en las calles del centro de Quito; el dinero así obtenido le alcanzaba apenas para alimentarse precariamente.

Por las noches, las calles de las grandes ciudades no suelen ser lugares muy amigables, y las de Quito lo eran mucho menos. Los jóvenes mendigos, semiaislados, se juntaban para protegerse entre ellos de criminales y violadores, y solían consumir alcohol de mala calidad y drogas baratas para combatir el abandono, el frío y la desesperanza.

Desde luego, mendigar o vender baratijas nunca alcanzaba para alimentarse bien o comprar una botella de licor, por lo cual casi todos los jóvenes como él, apenas podían hacerse de un arma (robándola generalmente), salían a delinquir. Por eso, y aun siendo muy joven, William tenía cuatro detenciones por robo a mano armada.

Con el paso del tiempo y los efectos destructores del alcohol y la droga, Cumbajín fue adquiriendo una personalidad cada vez más violenta, sádica. En un principio procuraba aplacar sus impulsos sexuales con mendigas del centro de Quito, en relaciones más o menos consentidas. Pero luego eso ya no fue suficiente.

Al anochecer, Cumbajín comenzaba a recorrer las zonas del centro y sur de la ciudad para identificar a su víctima; mendigas, todas ellas, de baja estatura y muy poca educación. Estas mujeres solían confiar en quienes se les parecía. También ellas vivían de la caridad pública, sufrían todo tipo de atropellos, y por eso, abordadas por un par como William, eran engañadas fácilmente. El hijo de la calle las llevaba a las zonas de los matorrales, que él conocía perfectamente, y allí las violaba vaginal y analmente, luego las torturaba y, finalmente, las asesinaba.

El 28 de febrero de 2002, unos estudiantes que pasaban por la zona de matorrales que solía elegir Cumbajín dieron parte a la policía de la existencia de un cadáver. En efecto, se trataba de una mujer indigente, de unos 40 años de edad y 1.40m de estatura, a la que no pudieron identificar. La policía supuso que había sido obra de una pelea entre mendigos, o de la obra de un loco que intentó asaltarla sexualmente.

Pero ¿importaba algo un cadáver aislado, sobre todo de esa extracción social? Las autoridades, se sabe, suelen tener muchos otros casos, y otras prioridades.

El tema se agrava

Sin embargo, la policía comenzó a preocuparse de verdad cuando, dos semanas más tarde, el cuerpo de otra mujer apareció cerca de donde había sido hallada la primera. Y esta vez sí la identificaron. Se trataba de Mélida Corella Tamayo, de 50 años y 1.50 m de estatura, una indigente bastante conocida en la zona.

Había sido violada vaginal y analmente; tenía cortes profundos en la zona de la vagina; otros cortes en el rostro y brazos, y había sido estrangulada con una cuerda. Algo sonaba reiterado

El 23 de abril de ese mismo año, apareció, esta vez en el centro de Quito pero también en una zona poco transitada, el tercer cadáver femenino. La víctima era Evelin Morales, de 22 años y 1.50 m de altura.

Como las anteriores mujeres, había sido violada, presentaba cortes profundos en la zona vaginal. La muerte se debía a estrangulamiento, pero esta vez el asesino había ido más lejos. A la joven le habían extraído los genitales y los intestinos.

La policía ya no dudaba de que se trataba de un asesino serial que operaba y mataba siempre de la misma forma pero, aunque había interrogado a los indigentes de la zona, los avances fueron nulos.

En agosto de 2002 apareció la cuarta víctima, muy cerca de donde había sido hallado el cuerpo de Evelin Morales. Esta vez, se trataba de Betty Rea, una mujer de raza negra que mendigaba en el centro de la ciudad, acompañada por su sobrino Jeferson, de dos años.

Una vez en los matorrales, Cumbajín le ató las piernas abiertas, la violó, luego la estranguló, y lo mismo hizo con el pequeño sobrino de la mujer.

Entonces sí, hallarlo fue prioridad número uno.

"Miren lo que hago"

El "asesino de los matorrales", como lo definió la prensa, fue detenido a mitad del año 2003, luego de un intenso trabajo de inteligencia de la policía ecuatoriana. Entre otros medios, las autoridades disfrazaron de mendigos a varios agentes, para que pudieran seguir los movimientos que se producían por las noches.

Pero, antes de ser detenido, Cumbajín mató a otras cuatro mujeres más. Cayeron bajo su último raid Yadira Rosero, una indigente de 35 años, y Ana, una niña de 12 años, sordomuda, a quien violó, le desgarró la vagina y la estranguló. A la octava víctima no se la pudo identificar; era una mujer de 45 años que, como las demás, apareció violada, con la vagina desgarrada, y estrangulada. Por fin, la última indigente que el "asesino de los matorrales" mató fue María Ortega, de 53 años, que fue violada y estrangulada; además, Cumbajín le arrancó los ovarios y el útero.

Una cosa era evidente. Si bien el método del que se valía el asesino para llevar a sus víctimas hacia los matorrales era ofrecerles dinero a cambio de favores sexuales; si bien llevaba a cabo sus violaciones, matanzas y seccionamiento de los cuerpos en lugares retirados, también es cierto que los cuerpos eran abandonados en lugares públicos y bien visibles.

Por ansias de expiación de sus culpas, o de mostrar a la gente "normal" lo que estaba haciendo, por resentimiento o reproche ("miren lo que la sociedad ha hecho de mí"; "soy producto de las circunstancias"), este tipo de asesino quiere exhibir lo que hace. Éste suele ser un elemento frecuente entre muchos asesinos seriales. Unas veces obedece a propósitos racionales; otras tantas, no.

En esta vasta galería que estamos presentando al lector (reiteramos: por la brevedad del texto, sólo lo hacemos de modo introductorio), lo que nos quedan son preguntas, más que respuestas; azoramiento y sorpresa, más que convicciones. Un asesino serial es, de algún modo, un dato aislado, otra pieza de este evasivo rompecabezas que no llegamos a armar del todo: el de la compleja condición humana.

Pero continuemos un poco más.

El hombre convertido en fiera

Es difícil saber en qué momento de la evolución humana nació la leyenda de la licantropía, o sea, la capacidad de un ser humano para transformarse en hombre lobo. Pero lo cierto es que la figura mitológica del lobo gigantesco en el que, por diversas razones, se transforma un ser humano, recorrió Europa (en especial) durante varios siglos. Tal vez nació como una metáfora, un mero símil de lo que pasa cuando la parte animal invade y supera a la humana, y las mentes primitivas y sencillas la tomaron al pie de la letra y construyeron con ello universales leyendas.

Lo curioso, en cambio, es que un asesino serial del siglo XVI haya sido acusado de licantropía tras comprobarse sus horribles crímenes, con canibalismo incluido, y que él haya aceptado ser un hombre-lobo.

Gilles Garnier vivió en el condado de Dole, Francia, hacia mediados del siglo XVI. Era un ermitaño con esposa e hijos, que había construido su vivienda lejos de la ciudad y prácticamente no participaba de vida social alguna.

Entre 1572 y 1573 (no quedó información certera al respecto), comenzaron a desaparecer niños en Dole, o a ser encontrados muertos y desgarrados, o literalmente comidos. Los mataban, lo que era evidente por algunos detalles, como lo hace un ser humano, y los destrozaban y comían como lo hacen los animales. El tema del ser híbrido estaba servido en bandeja.

Tan terrorífica situación llevó a las autoridades a asumir que aquello era obra de un hombre lobo, y emitieron un edicto según el cual se autorizaba a cualquier persona que se topara con el licántropo a que lo apresara o, eventualmente, lo matara.

Algunas semanas más tarde, una noche, un grupo de hombres que viajaba de una ciudad a otra y debía cruzar el bosque de Dole, creyó ver un lobo enorme moviéndose en la oscuridad. La sombra arrastraba con la boca el cuerpo de un niño muerto. Los viajantes se lanzaron sobre el animal y, aunque no pudieron atraparlo, confirmaron que quien arrastraba el cuerpo del niño era un hombre, Gilles Garnier.

Con esta información, las autoridades ordenaron el arresto del ermitaño, lo que sucedió apenas un par de días más tarde.

Durante el juicio al que se lo sometió, Garnier admitió ser un hombre lobo y dijo que había asesinado, al menos, a cuatro niños de entre 9 y 12 años. Aseguró, también, que en octubre de 1572 había capturado a su primera víctima, una niña de 10 años, a quien luego de estrangularla le comió parte de los muslos y los brazos; el resto prefirió llevarlo a su casa, para alimentar a su esposa e hijos.

Admitió que semanas después de este ataque volvió a abordar a otra niña, a la que había comenzado a comer sin matarla, pero al ver que un grupo de personas se acercaba dejó ir a la pequeña, aunque la niña falleció de todos modos al día siguiente, como producto de las heridas.

En noviembre, dijo, había vuelto a atacar. Esta vez la víctima fue un niño de unos 10 años al que le comió parte de los muslos y brazos. Satisfecha su hambre, le arrancó una pierna para que comieran su esposa e hijos.

Sin el beneficio de la duda

Gilles Garnier fue condenado a morir en la hoguera, algo que ocurrió el 18 de diciembre de 1573. Sin embargo, muchos desconfiaron de la calidad del juicio que se llevó a cabo. Llamativamente hubo más de 50 testigos que dijeron que lo habían visto matando niños y comiendo carne cruda, algo virtualmente imposible porque nadie supo quién era el asesino hasta que lo vieron aquellos viajeros.

En un trabajo para la revista *on line Archéopages*, Luc Jaccottey y Brigitte Rochelandet aportan este dato adicional:

"Gilles Garnier fue juzgado con gran rapidez, probablemente debido a su original estilo de vida: oriundo de la región de Lyon, era un ermitaño con mujer e hijos. Los detalles de su confesión, concordantes con los de otros procesos similares, mencionan su encuentro con el diablo, quien en contraparte de su alma le habría otorgado el poder de transformarse en lobo para poder alimentar a su familia. No obstante, nunca se han encontrado osamentas humanas durante las investigaciones efectuadas en su retiro. Esto lleva a pensar que Gilles Garnier –sádico asesino o cabeza de turco– fue condenado tan severamente sólo con el objetivo de calmar la vindicta popular".

En un párrafo anterior, los autores subrayan un hecho sumamente significativo a la hora de analizar qué fue exactamente lo que pasó con Gillers Garnier:

"En la Edad Media el hombre lobo era considerado como víctima de una maldición, en tanto que en el siglo xv se convirtió en una criatura de Satán, empezando entonces a ser objeto de persecuciones a la par de las brujas".

A la distancia, la mayoría de los especialistas concluye que Garnier no fue más que un asesino sádico con fuerte tendencia al canibalismo, algo que para la sociedad del siglo xvi resultaba tan espantoso e impensable que sólo podía ser considerado como un acto animal y no humano; para ello resultaba imprescindible que el asesino se transformase, precisamente, en un animal, en un lobo.

También es tranquilizador pensar que lo esencial de nosotros, en cuanto humanos, no puede llegar a esos extremos. Si la hoguera disuelve al monstruo, éste se consume afuera, externalizado. Y nosotros, los seres normales, los que jamás podríamos incurrir en esos extremos, los de impoluta naturaleza, podemos ir a nuestras ocupaciones bien tranquilos.

Capítulo 7
SINGULARES Y REPETIDOS

> "Todos nacemos originales y morimos copias".
> Carl Jung

Una discusión hoy ya atenuada, si no apagada del todo, es en qué medida es conveniente que se difundan o no los casos de asesinos seriales. Esta polémica suele renacer en sociedades potencial o realmente violentas, como la estadounidense en nuestros días, por ejemplo, donde la casi absoluta libertad para adquirir un arma (que incluso muchos pujan por hacer irrestricta), las ansias de emulación y la necesidad de ídolos que venzan la "medianía" social son un caldo de cultivo para el surgimiento de nuevos criminales.

Es cierto que muchas veces, al allanar (generalmente demasiado tarde) el domicilio de un asesino, suele hallarse literatura, fotos, películas sobre otros ya célebres que sirvieron de inspiración al actual. Incluso hay quienes copian sus lemas, modos de actuar, armas o sus falsas justificaciones. Pero también es cierto que, en otras tantas oportunidades, son los vericuetos de la mente humana los que permiten repetir patrones de conducta, y que hay actitudes similares entre individuos que jamás han tenido noticia uno del otro, que incluso viven en épocas distintas y lugares remotos.

En el capítulo anterior hemos reseñado lo sucedido en Polonia con Karl Denke, y eso trajo a nuestra mente, y tal vez a la del lector informado, un caso mucho más conocido pero que no podemos dejar de mencionar. Este sucedió en Alemania, y fue contemporáneo con el anterior.

A su protagonista se lo conoció como el "Carnicero de Hannover" y se lo condenó a muerte por los asesinatos de 27

125

adolescentes alemanes. Sin embargo, los investigadores que en su tiempo llevaron adelante el caso estaban completamente seguros de que sus víctimas rondaban el centenar. He aquí lo que pasó en un tiempo similar, de privaciones colectivas, de falta de alimentos y de canibalismo involuntario, aunque sólo en la mayoría de los casos.

Jugando a dos puntas

Friedrich "Fritz" Heinrich Karl Haarmann nació en Hannover el 25 de octubre de 1879. Como muchos futuros asesinos seriales, Fritz creció en el seno de una familia desestructurada y pobre. Sexto hijo de un matrimonio de alcohólicos, fue criado por una madre que consentía todos sus caprichos, incluso el de vestirse de mujer, también rasgo que hemos visto reiterarse en estas páginas.

Su padre, violento y abusador, no dudaba en golpearlo muy duramente, reforzada su tendencia natural por la indignación de tener un hijo afeminado. Las tendencias homosexuales del muchacho, en efecto, aparecieron muy tempranamente, posiblemente debido a la relación tan estrecha que mantenía con su madre.

A los 16 años, Haarmann ingresó a la Academia Militar de Neu Breisach, por decisión de un padre que esperaba que el ejército corrigiera la inclinación sexual de su hijo, lo domesticara y aplacara sus caprichos.

Pero el paso de Fritz por la Academia Militar fue breve. Doce meses después de haber ingresado, fue dado de baja por "cuestiones de salud". El joven había tenido una serie de episodios que los médicos militares juzgaron como de psicosis, si bien jamás pudo comprobarse si dichos ataques no habían sido fingidos por el disconforme cadete.

Tenía 17 años y trabajaba en una empresa que fabricaba cigarrillos cuando fue denunciado por primera vez y arrestado, bajo el cargo de abuso de menores. Por la edad no podía ir a prisión, por lo cual se lo derivó a un hospital. De allí se escapó a los seis meses de estar internado y subrepticiamente cruzó la frontera y llegó a Suiza, en donde permanecería dos años.

En 1903 Haarmann tenía ya 24 años y regresaba a Alemania. Comenzó entonces a saltar de empleo en empleo y a sumar delitos en su prontuario: hurtos, gresca, robos y abuso sexual de menores, entre otros cargos, engrosaban su nada promisorio historial, pero lograba seguir en libertad.

Fue detenido nuevamente, y esta vez sí debió purgar una pena efectiva en prisión, donde permaneció hasta que concluyó la Primera Guerra Mundial.

De nuevo el escenario de una Europa devastada, y sobre todo de una Alemania condenada a la más profunda de las miserias debido al Tratado de Versalles, que los alemanes sentían como demasiado severo (que lo era), injusto y humillante. Por cierto, el momento era un buen caldo de cultivo para las actividades delictivas, como el comercio ilegal de carne que desarrollaba una banda de contrabandistas a la que Fritz se unió apenas salido de prisión. También se convirtió en informante de la policía, lo cual le brindó una enorme impunidad para llevar a cabo su delito favorito: el abuso sexual de menores.

Junto a su amante, Hans Grans, un homosexual pedófilo, recorrían las estaciones de tren, o autobuses, y abordaban a los jóvenes campesinos pobres que llegaban a Hannover en busca de trabajo. Les ofrecían alojamiento, comida y un empleo. Luego llevaban a los muchachos a la casa de Haarmann, los drogaban, los violaban, los golpeaban y, aunque no pudieron comprobar en juicio aquellos primeros crímenes, los asesinaban perforándoles el cuello a dentelladas.

Una vez muerta la víctima, la deshuesaban, la cabeza la enterraban en el fondo de la casa, los huesos los esparcían por la ciudad, y la carne era vendida en el mercado negro, (una vez más) como carne de cerdo. En su momento se creyó también que con las vísceras fabricaban salchichas. Por llevar a cabo este tipo de actividad, sus vecinos lo apodaron luego "El carnicero de Hannover".

El "Carnicero" pierde la cabeza

Al poco tiempo de iniciada la actividad, las víctimas eran muchas, y la cantidad de huesos a repartir había aumentado considerablemente, por lo cual Haarmann y Grans decidieron que ya no era conveniente seguir tirando los huesos aquí y allá. Optaron, entonces por tirarlos al río Leine. Lo mismo hicieron con algunas cabezas.

Si bien la policía protegía al "carnicero" de una que otra denuncia, como que la carne que vendían no podía ser de cerdo, las desapariciones de jóvenes y adolescentes en Hannover se multiplicaban. Y si bien en la Alemania de posguerra aquello no era particularmente llamativo, la policía comenzó a investigar con sigilo para no preocupar a la población.

Y, como suele pasar, un hecho fortuito se constituyó en la punta de la madeja.

El 17 de mayo de 1924, unos niños que jugaban en la orilla del río se encontraron con una calavera que había arrastrado la corriente hacia la costa. Informaron a la policía, la que decidió efectuar el dragado de buena parte del río Leine. La tarea arrojó como resultado la existencia de una gran cantidad de huesos humanos depositados en el lecho del río. Se trataba de unas 500 piezas óseas, que debían corresponder a por lo menos 22 personas diferentes.

Entonces la figura de Haarmann ya no pudo ser obviada, por más servicios que le brindase a la policía. Sus antecedentes no lo favorecían, y pronto comenzó a ser seguido. Detectaron así sus visitas a la estación de trenes, precisamente el escenario de la desaparición de muchas personas, vistas allí por última vez. Como efecto de los seguimientos, Haarmann fue detenido "con las manos en la masa", intentando convencer a un adolescente de que lo acompañase a su domicilio.

Haarmann fue detenido el 22 de junio de 1924. Y cuando la policía registró su departamento y encontró la ropa de muchos jóvenes que se habían reportado desaparecidos, no le quedó otra salida que confesar. Admitió haber matado a 40 adolescentes y haber practicado canibalismo. Como vemos, su caso era muy similar al de su "colega" polaco. En una suerte de Ley del Talión, el "Carnicero" fue decapitado el 15 de abril de 1925. A su amante, Hans Grans, se lo condenó a cadena perpetua, pero se le conmutó la pena y sólo cumplió 12 años de prisión.

Pocas luces, muchas sombras

El que ahora abordaremos está considerado como el mayor asesino de la historia de España, y aunque su nombre era Manuel Delgado Villegas, se conoció como "El arropiero", porque su padre se dedicaba a vender arrope (un jarabe producido por la deshidratación de mosto), y él lo ayudaba.

Los psiquiatras que lo trataron luego de que confesara con lujo de detalles 48 crímenes, llegaron a la conclusión de que, pese a ser analfabeto y contar con un nivel intelectual de medio a bajo, era una persona "encantadora", salvo cuando montaba en ira porque notaba que se le había poblado el bigote, que siempre y maniáticamente llevaba bien recortado para poder parecerse, según él creía, a Cantinflas.

Manuel había nacido en Sevilla el 25 de enero de 1943. Jamás conoció a su madre, ya que ella murió al darlo a luz. Fue criado por su abuela y, pese a que asistió a la escuela, jamás aprendió a leer y escribir. Se dedicó entonces a ayudar a su padre con la producción y venta del arrope.

Siendo aún un niño, Manuel fue abandonado también por su padre que, buscando nuevos horizontes para ganar dinero en medio de la hambruna que recorría a la España de la posguerra, se marchó hacia el Puerto de Santa María, donde años después se volvería a casar.

Manuel fue pasando de pariente en pariente, siempre como un estorbo, siempre como una molestia, por lo cual los malos tratos y las palizas se le volvieron frecuentes.

En 1961, a la edad de 18 años, ingresó a la Legión Española. Por entonces, ya mostraba una definida tendencia a la bisexualidad, a la irritabilidad y a la violencia. Comenzó a consumir marihuana y a padecer ataques, que los médicos nunca supieron si eran reales.

Lo que sí se diagnosticaría luego es que sus pocas luces eran minimizadas por el alcoholismo y la esquizofrenia paranoide. Su cuerpo producía además más testosterona que la habitual, lo que lo hacía muy violento y le daba un irrefrenable impulso sexual.

Hasta donde se pudo confirmar judicialmente (sólo 7 delitos, aunque Delgado confesó 48), los homicidios comenzaron el 21 de enero de 1964, cuando "El arropiero" tenía 21 años. La primera víctima fatal fue Adolfo Folch Muntaner, quien estaba en la playa Llorach, durmiendo contra un paredón. Delgado recogió una piedra y con ella le partió la cabeza, sólo para robarle la billetera y un reloj barato.

Vagar, robar, matar

Vagabundeando por distintas ciudades y países de Europa (Italia, Francia y España), Delgado jamás volvió a trabajar. Vivía del robo, por lo que el delito se le volvió imprescindible para sobrevivir, aunque luego también comenzó a obtener dinero prostituyéndose.

El segundo crimen que pudo probar la justicia ocurrió tres años después, en Ibiza. En un chalé desocupado apareció muerta una estudiante francesa de 21 años, Margaret Helene Boudrie. La muchacha había llegado hasta allí con un joven estadounidense. Luego de consumir varias dosis de LSD, el acompañante de la chica intentó mantener relaciones sexuales, a lo cual ella se negó. El muchacho se marchó molesto, y la estudiante tuvo la mala fortuna de que el vagabundo Delgado hubiese observado la escena, la partida del joven y la puerta abierta. Entró con el propósito de robar pero encontró a la joven obnubilada por la droga. La mató con varios golpes, tuvo sexo con el cadáver, robó todo lo que podía vender y escapó.

Volvió a matar (siempre de acuerdo con lo que pudo probar el tribunal, que fue muy poco) un año más tarde. Cerca del río Tajuña liquidó de un golpe preciso a Venancio Hernández Carrasco. Hernández se hallaba en su viña cuando Delgado se le acercó y le pidió comida. El viñatero le respondió que era joven y fuerte, y si quería comer debía trabajar. Fue la peor respuesta que podía dar.

Su cuarto homicidio ocurrió en Barcelona, el 5 de abril de 1969, y la víctima fue Ramón Estrada Saldrich.

El perito judicial José Alfredo Piera Pellicer dedicó todo un trabajo a narrar con detalle los crímenes de El Arropiero. Dice, por ejemplo, respecto de la muerte de Estrada Saldrich:

"Se trataba de un barcelonés que contrataba regularmente sus servicios [los de Delgado] por el precio de 300 pesetas la sesión. Se encontraban en la tienda de muebles propiedad de este industrial, escenario habitual de sus reuniones, cuando Manuel le solicitó mil pesetas argumentando que tenía una necesidad urgente. El cliente prometió dárselas al final pero, concluido el acto, le pagó las 300 de rigor. Una vez muerto le robó las sortijas, el reloj y la cartera…"

Ésta fue parte de la confesión del asesino, respecto de este caso:

"Por eso le pegué en el cuello con el canto de la mano y cayó al suelo. Cuando le estaba quitando la cartera se despertó y empezó a insultarme ¡él a mí!, por lo que agarré un sillón, le arranqué una pata y le di con ella en la cabeza. Después lo rematé estrangulándolo. Le partí el cuello".

Sin posibilidad de retorno

El 23 de noviembre de 1969, en Mataró, Barcelona, "El vagabundo asesino", como también se lo definió, volvió a saltar sobre una mujer indefensa, víctima de un irrefrenable apetito sexual que incluso le producía cierta incapacidad para eyacular. Esta vez, su quinta víctima, la asesinada fue Anastasia Borrella Moreno, una mujer de 68 años que trabajaba en la cocina del bar Iruru.

El 27 de noviembre, cuatro días después del crimen, el cuerpo de la mujer fue hallado por unos niños que jugaban a tres cuadras del domicilio de Anastasia.

Leamos nuevamente a Piera Pellicer:

"[El cadáver] Estaba cubierto con un plástico, boca arriba, con las ropas subidas. La habían matado a golpes con un ladrillo. El Arropiero explicó que aquel día tenías ganas de una mujer. Al encontrarse con la anciana le preguntó si quería tener acceso carnal con él. Anastasia reaccionó indignada y le amenazó con avisar a la policía. Por eso la mató y la tiró al torrente seco. Como se veía desde arriba, bajó para esconderla en el túnel. Se sintió excitado y abusó de su víctima. Este acto de necrofilia lo repitió todas las noches siguientes, hasta que el cuerpo fue encontrado".

En septiembre de 1970, Manuel Delgado viajó al Puerto de Santa María para trabajar con su padre en la producción y venta de arrope. La policía catalana había puesto los ojos sobre él y había empezado a controlarlo de cerca.

En el Puerto de Santa María conoció a Francisco Marín Ramírez, un joven homosexual de 24 años del que Delgado se hizo amigo. Una tarde, según contó el propio asesino, fueron a dar un paseo en moto, y el muchacho comenzó a tocarlo. Él le pidió que no lo hiciera pero, como el otro no cesaba, Manuel le dio un golpe en el cuello "despacio". Sin embargo, como el muchacho era débil cayó al suelo y se rompió las gafas. Se sentaron bajo un árbol, y Francisco volvió a tocarlo. Entonces Delgado lo golpeó con brutalidad. Una vez muerto, lo cargó sobre la moto y tiró el cuerpo a unos 12 kilómetros del lugar donde lo había matado.

El 18 de enero de 1971, a menos de un mes de su anterior crimen, Delgado mató a Antonia Rodríguez Relinque, también en el Puerto de Santa María.

Antonia, una muchacha disminuida mental y con un apetito sexual casi descontrolado, era novia de Delgado (incluso éste se la había presentado a su padre como tal), y su desaparición puso a la policía tras los pasos del "vagabundo asesino".

Un par de días después, el arropiero fue conducido a la comisaría con el único fin de que declarase respecto de cuál podría ser el paradero de su pareja y, para sorpresa de los uniformados, aceptó que la había estrangulado, y que era, además, el autor de otros 48 homicidios.

Un asesino vuelto leyenda

Sin remilgos, Delgado confesó que habían ido él y su novia Antonia al campo de Galvecito, donde habitualmente hacían el amor sin ser vistos. Agregó que ya habían tenido sexo de varias formas hasta que ella le pidió que hiciera algo que a él le dio asco. Luego de negarse, ella comenzó a insultarlo, le dijo que no era hombre, que otros hombres lo habían hecho, y él se enfureció. Le pegó un golpe pero, como ella lo seguía insultando, la estranguló con los leotardos (suerte de malla de cuerpo entero) que ella se había quitado.

Narra Piera Pellicer:

"A partir de aquí, El Arropiero se culpó de tal cantidad de crímenes que desbancó a muchos considerados en el mundo como los primeros en cuanto a número de víctimas. En San Feliú de Guixols dijo haber estrangulado a una extranjera; en

Alicante dio muerte a una mujer a navajazos; en Barcelona, a un homosexual, al que estranguló con un cable; en Valencia, a una mujer, a la que metió en una cuba. Confesó tantos crímenes a la policía que los agentes encargados del caso creyeron que se encontraban ante un fabulador extraordinario, por lo que acotaron sus crímenes probables a una lista más verosímil de sólo 22, de los cuales llegaron a probarle ocho".

Éste es un caso muy especial A menudo la policía suele endilgarle a un inculpado crímenes sin resolver, cuya probable autoría le quepa. Pero inhabitual que, por la magnitud de los casos confesados, las autoridades se nieguen a darle crédito al reo.

"Pero El Arropiero dio tantos detalles y tan precisos de sus delitos –algunos cometidos fuera de nuestro país– que su abogado siempre creyó que su cliente era, sin lugar a dudas, el más grande asesino de la historia".

Manuel Delgado Villegas fue sometido al arresto preventivo más largo de la historia judicial española. Lo mantuvieron durante seis años y medio sin abogado y sin sentencia. Nunca se lo juzgó, ya que se le diagnosticó una enfermedad mental profunda. Por fin, en 1978, la Audiencia Nacional ordenó que fuera derivado a un centro psiquiátrico.

Veinte años después, en 1998, fue liberado, aunque no pudo disfrutar mucho de su libertad. Murió menos de un mes después, a causa de un cáncer de pulmón provocado por el exceso de tabaco.

Los especialistas consultados en el proceso previo a su liberación se opusieron terminantemente a que Delgado abandonase el centro de salud mental en el que estaba internado.

Las pruebas médicas que se le realizaron habían detectado que poseía la trisomía sexual XYY, en lugar de la habitual XY. Se pensó entonces que aquella anomalía era la responsable del exceso de agresividad y de que careciera de conciencia y de remordimientos, lo que lo convertía en un asesino nato.

Durante mucho tiempo, los niños españoles fueron asustados con la amenaza del Arropiero que, convertido en mito, hizo que muchas meriendas o desayunos fueran terminados por los atemorizados pequeños.

Del privilegio al dolor y la crueldad

He aquí un nuevo caso de paralelismo. Esta vez, nuestra "heroína", de nacionalidad rusa, tiene puntos de contacto con su par en la nobleza, la húngara Isabel Báthory (1560-1614), llamada "La condesa sangrienta", cuyo caso no podemos incluir por problemas de espacio; pero sí le sugerimos al lector curioso que busque material sobre ella, y verá cómo la historia parece repetir casos similares en épocas y puntos distantes. La húngara ha pasado a la historia como la mayor asesina de todos los tiempos, con más de 600 casos probados; pero preferimos hablar aquí de un personaje menos conocido pero sumamente cruel.

Darya Nikolayevna Ivanova, en todo caso, fue la mayor asesina serial de la Rusia de los zares, en el siglo xviii, además de ser, luego de la muerte de su esposo, la condesa más rica de todo Moscú.

"Saltichikha", como la llamaban cariñosamente cuando era pequeña, había nacido en Moscú, el 11 de marzo de 1730. Su familia estaba entre las mejor consideradas por los altos círculos sociales de la época, y el abuelo de Darya era uno de los hombres de mayor confianza del zar Pedro I.

Siendo aún adolescente, la muchacha contrajo matrimonio con Gleb Alekseevich Saltykova, un noble que era además capitán de Regimiento de la Guardia Real. Darya, entonces, tomó el apellido de su esposo, y con él pasaría a la historia como: Darya Saltykova.

La vida de ambos esposos era apacible y rodeada de todo tipo de comodidades. Gleb era enormemente rico, gozaba de toda la confianza de la casa real y obtenía de los zares grandes privilegios. La felicidad de los esposos se completó con la llegada de dos vástagos, ambos varones por añadidura: Teodoro y Nicolás. Pero el destino le tenía reservado a la muchacha el primer golpe. En 1755 falleció Gleb. La condesa tenía por entonces 26 años. Había heredado una enorme fortuna más una finca gigantesca en Troitskoe, cerca de Moscú, y más de 600 sirvientes. Sin embargo, la tristeza que la embargaba por la muerte de su esposo era mayor que todos los bienes legados. Sumida en una profunda pena por la muerte repentina de su marido, Saltykova se mudó junto a su hijos a la enorme finca de Troitskoe, y de muchas maneras se aisló del mundo.

En un trabajo titulado *La maldad de la aristocracia rusa*, la escritora española Akasha Valentine se centra en este personaje, y conduce el relato hacia el segundo hecho que marcaría definitivamente la vida de la condesa. Dice la autora:

"A medida que su juventud se iba desvaneciendo, la madurez y la pena hicieron estragos en su cuerpo y mente. Pero apareció repentinamente en su vida un nuevo hombre que no sólo la hacía olvidar su dolor, sino que también avivaba en ella la llama del amor, por lo que finalmente quiso que él la desposara y de esta forma convertirse en su mujer. Pero la persona de la que se había enamorado hasta perder la razón amaba en secreto a otra mujer, mucho más joven que ella. Cuando la noticia de la boda llegó a sus oídos, la mente de Darya Saltykova acabó por trastocarse por completo, y comenzó así su legado de tiranía y terror en su afincada residencia".

Aquella mujer triste, que donaba dinero a las iglesias y monasterios de la zona y se comportaba siempre de manera agradable y gentil, fue presa, de pronto, de un furioso ataque de celos e ira.

Fuera de sus cabales, envió a varios de sus sirvientes a perseguir y matar a la pareja, algo que aquellos no sólo no cumplieron, sino que alertaron a los jóvenes que, así, pudieron huir muy lejos del alcance de la condesa.

La impunidad de la nobleza

Pero, aunque sin fatales consecuencias, aquel suceso cambió para siempre tanto la vida de Darya Saltykova como la de todos los que habitaban la finca de Troitskoe. La condesa sufría ya un trastorno psicótico epiléptico que no había mostrado su peor cara hasta el desengaño que le produjo el joven Nicolás Tyuchev, que así se llamaba su enamorado, abuelo de quien sería un consagrado poeta ruso: Fyodor Tyuchev.

Desde entonces, Saltykova comenzó a mostrarse tiránica y cruel. Empezó golpeando con el palo de amasar en la cabeza a los sirvientes que, a juicio de ella, no habían limpiado bien o no habían cumplido exactamente sus órdenes. Pero su crueldad fue aumentando día a día.

Primero arrastraba de los pelos a los sirvientes hasta que sus cabezas chocaban con fuerza contra la pared. Luego ya tironeaba las orejas de los y las infortunadas con una pinza caliente, o les derramaba agua hirviendo sobre la cabeza. Y, en esa época, nadie osaba trasponer la puerta de un noble para ver qué hacía.

Al cabo de un tiempo, los brutales castigos incluían azotes y, preferentemente, se descargaban sobre las mujeres más jóvenes de la servidumbre. Y comenzaron a evidenciarse las consecuencias: ciento treinta ocho sirvientes fueron muertos, de los cuales sólo tres eran varones.

No conforme con matarlos, la condesa comenzó a beber la sangre de sus víctimas aún vivas, convencida de que aquello le devolvería la juventud perdida.

Algunos sirvientes, acaso para protegerse de la furia de la condesa, eran los encargados de deshacerse de los cadáveres, pero, casi con seguridad, también fueron los responsables de que fuera de la finca se supiera que algo malo estaba ocurriendo allí.

Apunta Valentine:

"Muchos familiares [de los sirvientes] sabían que algo malo estaba sucediendo en la finca de Saltykova, pero al no tener pruebas que demostrasen y respaldasen sus teorías eran tan sólo calumnias de unos labradores contra la aristocracia, y por este hecho cuando fueron denunciados los sucesos algunos familiares fueron severamente castigados por las autoridades. Darya Saltykova disfrutaba así de su impunidad debido a su cargo en la sociedad, y fue intocable mucho tiempo, hasta que se topó de bruces con la horma de su zapato".

En el verano de 1762, casi al mismo tiempo que Catalina II era ungida como zarina, dos sirvientes de Darya que se ocupaban de labrar sus campos, escaparon de la finca y llegaron hasta San Petersburgo, al palacio de los zares.

Sakhvely Martínov e Ilyin Ermolay, que así se llamaban los campesinos, lograron hacerle llegar una carta a la nueva emperatriz, quien quedó escandalizada luego de leer lo que allí se narraba. Catalina ordenó la inmediata detención de Dayra Saltykova y el comienzo de una minuciosa pericia de los hechos denunciados por los sirvientes.

Dejemos, entonces, que Valentine cierre la historia:

"En 1768, tras seis años de exhaustiva investigación por parte del Colegio de Justicia y el gran número de documentación aportada por testigos visuales, así como un concienzudo registro de la vivienda donde residía la acusada, encontraron a Darya Saltykova culpable de la muerte de treinta y ocho sirvientas, y se sospechaba que era responsable de cien más, aunque no se pudo llegar a demostrar dicha teoría. Los cuerpos de las víctimas presentaban severas lesiones, lo que indicaba que habían sido maltratadas hasta la muerte. Como en el año

1754 se abolió la pena de muerte, Darya Saltykova fue encadenada durante una hora diaria en una plataforma habilitada especialmente para ella en la Plaza Roja de Moscú. Una vez allí le era colgado de su cuello un cartel que decía: 'Esta mujer ha torturado y matado'".

La sentencia también exigía que fuera despojada de todos los bienes y títulos nobiliarios que poseyese. Fue recluida en una celda de castigo del convento de Ivanovsky, sin contacto alguno con el afuera y siempre en la oscuridad, salvo durante los lapsos en los que se alimentaba.

Murió el 27 de noviembre de 1801. Tenía 71 años de edad.

Conclusiones

Una vez más, nos disculpamos frente al lector por lo breve de este recorrido. El itinerario realizado, no obstante, creemos que deja en claro que, si bien el término "asesino serial" es relativamente moderno y los estudios sobre las personalidades y las características de estos seres también han aparecido recién entre finales del siglo XIX y todo el siglo XX, los asesinos en serie existen desde hace siglos.

Los especialistas los diferencian de aquellos criminales que acaban con la vida de muchas personas pero en un mismo momento, como fue el caso del noruego Anders Breivik, un terrorista de ultraderecha que el 22 de julio de 2011 colocó una bomba en el centro de Oslo y luego propició un tiroteo en el islote de Utoya, dejando un saldo de 77 muertes. O como la matanza que perpetraron Eric Harris y Dylan Klebold, matando a 15 personas e hiriendo a otras 24 en las instalaciones del Columbine High School, en Colorado.

En estos casos, afirman psiquiatras y psicólogos, se trata de personas que han engendrado un gran odio hacia la sociedad toda. La diferencia con los asesinos seriales es que matan sin discriminar, "al voleo" y a la mayor cantidad de gente posible.

Las características de los asesinos seriales son otras.

En una monografía publicada hace algunos años, el médico Percy Zapata Mendo recuerda que, en 1958, el doctor Antonio Bruno mencionó cinco características que serían comunes en todos los asesinos seriales: desafecto, amoralidad, impulsividad, inadaptabilidad e incorregibilidad.

Punto por punto, Zapata Mendo analiza qué pretende definir Bruno con cada una de dichas categorías patológicas.

Cuando habla de desafecto, señala Zapata Mendo, Bruno se refiere a los niños desapegados, que no demuestran inclinación por nadie; son indiferentes al afecto que se les brinda. Ya desde pequeños han perdido la afectividad propia que une a los hijos con los padres, o incluso a los hombres con sus semejantes.

Cuando Bruno habla de amoralidad, Zapata Mendo afirma que se refiere a la falta de juicio moral, y a la carencia de noción ética que ya de pequeño exhibe el sujeto. Carecen de conciencia moral y de sentimientos morales.

La impulsividad es la tercera característica que señala Bruno y, al respecto, dice Zapata Mendo:

"La pérdida del sentido moral permite comprender fácilmente que los instintos no poseen freno alguno. Además de la ausencia de sentimientos éticos altruistas, se aprecia como disturbio final afectivo una gran irritabilidad que, unido a la falta de sentimientos morales, lo impulsan a cometer las más grandes brutalidades y crueldades, llegando fácilmente a actos agresivos (homicidios, lesiones)".

En relación con la inadaptabilidad, el perverso muestra muy tempranamente su tendencia a la crueldad, a no aceptar normas sociales y una mínima disciplina necesaria para la vida en comunidad. Ya desde pequeños, en el ámbito familiar, estos sujetos se resisten a aceptar la autoridad de los padres. Durante su etapa escolar se muestran como alumnos agresivos, incapaces de aceptar las normas de la escuela. Al entrar en la adultez, su falta de adaptabilidad les impide conservar cualquier empleo, por lo cual comienzan a vivir al margen de las normas y de la ley, lo que los arroja frecuentemente a la prisión, aunque al salir vuelven a delinquir.

La incorregibilidad, claro, se desprende de la inadaptabilidad. Al no poder adaptarse a las normas que cualquier persona debe respetar para vivir en sociedad, también carecen de la capacidad de corregirse. No pueden readaptarse, entre otras cosas, porque son insensibles al premio y al castigo.

El trabajo del doctor Zapata Mendo es largo y minucioso pero, acaso, uno de los puntos a los que se refiere podrían funcionar como corolario de este trabajo.

El autor habla de la "desarmonía entre los elementos que integran el carácter". Vale decir que no existe equilibrio entre su inteligencia, su vida pasional, su voluntad y su afectividad. Sus fantasías no pueden ser controladas por la razón; su voluntad cede ante la impulsividad, y su afectividad es inconsistente.

Lejos de la precisión de los científicos, el escritor-lector que ahora se despide de ustedes confiesa su ignorancia de las causas, y una vez más su estupor ante estos seres; humanos, sí humanos, nacidos de padre y madre, pero que con su lista de anomalías, amoralidad y excesos, nos hacen cuestionar una vez más la verdadera índole de nuestra naturaleza, y reandar ese camino que parece no tener fin, y en el que cada temerosa respuesta sólo inaugura, al parecer, otra vigorosa pregunta.

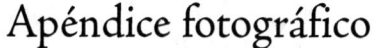

Apéndice fotográfico

Dos seductores fatales

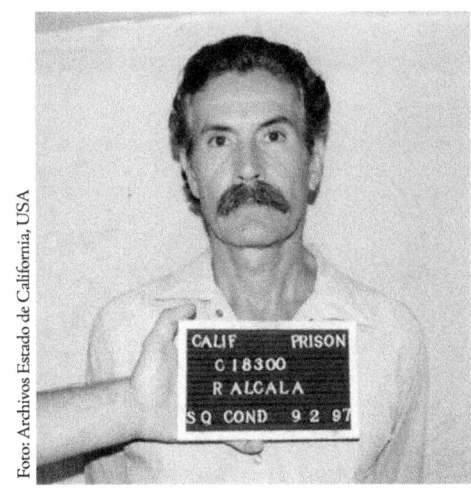

Foto: Archivos Estado de California, USA

Arriba: Rodney James Alcalá (n. 1943), violador y asesino en serie, condenado a muerte en California en 2010. Se lo llamó "El asesino del Dating Game" debido a su aparición en ese programa televisivo en 1978. *Abajo*: Johann "Jack" Unterweger (1951-1994), el asesino austríaco que logró notoriedad como escritor y periodista.

Sexo, parafilia y muerte

Arriba: Jerome H. "Jerry" Brudos (1939-2006). Necrófilo y fetichista, se abonaba en prisión a los catálogos de temporada de las grandes zapaterías. *Abajo, izquierda*: el aspecto de "abuelo bueno" de Albert Fish (1870-1936), "El vampiro de Brooklyn", que afirmó haber abusado sexualmente de más de 100 niños. *Abajo, derecha*: la silla de Sing Sing donde fue ejecutado.

EL DESTRIPADOR ROJO

Arriba: Andréi Románovich Chikatilo (1936-1994), el peor asesino serial de la exUnión Soviética. Fue conocido como "El Carnicero de Rostov". Confesó más de 50 muertes y fue ejecutado en febrero de 1994. *Abajo*: una de sus víctimas.

La perra de Belsen

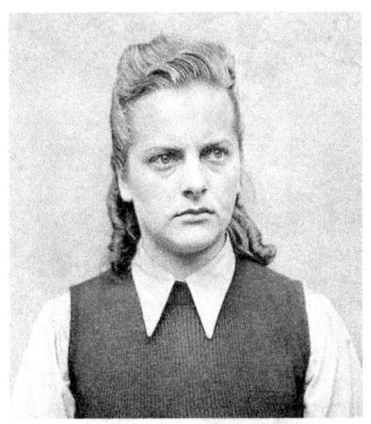

Arriba: el rostro "bellamente ario" de Irma Ilse Ida Grese (1923-1945), supervisora en los campos de concentración de Auschwitz-Birkenau, Bergen-Belsen y Ravensbrück.
Abajo: en el momento de la liberación, posa junto a Josef Kramer (1906-1945), comandante del campo de Bergen-Belsen. Ambos fueron ejecutados en la horca.

Unidos por la muerte

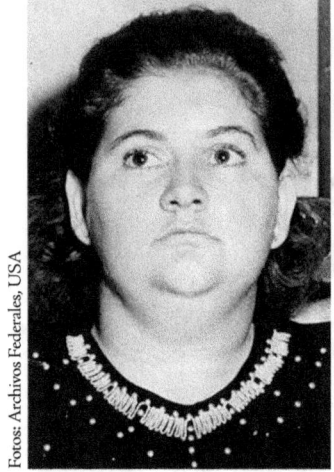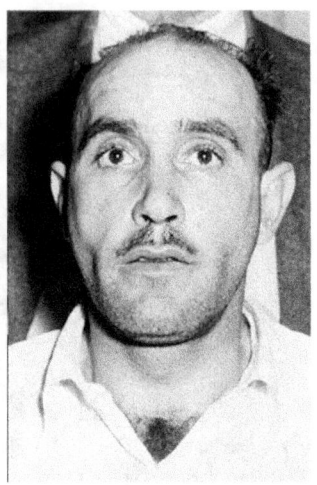

Fotos: Archivos Federales, USA

Arriba: Martha Beck (1920-1951) y Raymond Fernández (1914-1951), "Los Asesinos de los Corazones Solitarios", arrestados y juzgados en 1949. Murieron en la silla eléctrica, pregonando un amor más allá de toda comprensión.
Abajo: la prensa estadounidense se hace eco de la ejecución de ambos.

Dos tristes récords nacionales

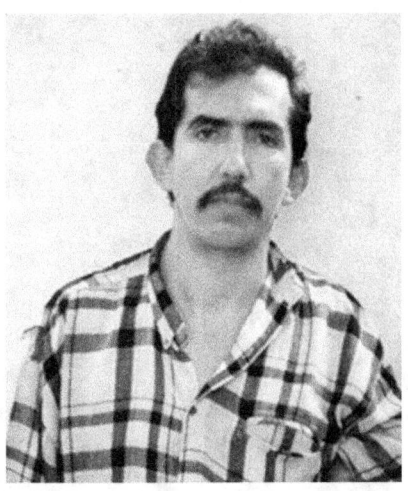

Arriba: Luis Alfredo Garavito Cubillos (n. 1957), el mayor asesino serial colombiano, y tal vez, el mayor asesino de niños de la humanidad. *Abajo*: Manuel Delgado Villegas (1943-1998). "El Arropiero", el peor asesino de la historia española. Cuando lo trasladaban unos agentes, escuchó en la radio que un mexicano había batido su récord. "Denme 24 horas y les aseguro que un miserable mexicano no va a ser mejor asesino que un español", apuntó.

La otra cara de "papá" Denke

Arriba: Karl Denke (1860-1924), el asesino serial polaco, tras su suicidio. "Vater" Denke engañó a sus vecinos vendiendo accesorios para vestir hechos con "materia prima desconocida", y hasta "escabeche de cerdo" fabricado con la carne de sus víctimas. *Abajo*: parte de sus letales herramientas, tiradores y cordones de zapato hechos con piel y cabellos humanos.

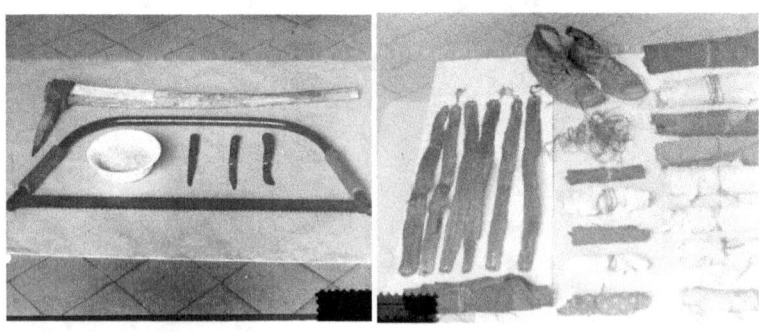

El carnicero de Hannover

Arriba: Friedrich "Fritz" Heinrich Karl Haarmann (1879-1925), el alemán ejecutado por el asesinato de 27 adolescentes, aunque se le presumían alrededor de 100 víctimas. Su madre lo había tratado y hasta vestido como a una niña. *Abajo*: el asesino, poco después de haber sido atrapado, en noviembre de 1924.

Bibliografía

Atuncar Sueng, Rosario, Comandante: *Psicología aplicada a la investigación policial de personas*; ponencia de la Policía Nacional del Perú; Lima, Ediciones Forenses S.A.C., sin mención de fecha. Copia de acceso gratuito en www.scribd. com.

Barón Chilito, Irene; Cortés Caballero, John; Porrás Mojica, Helder Guiovanni; Velasco Franco, Elisa María: "Estructura de la personalidad de Luis Alfredo Garavito", en *www.psicologiajurídica.org*, 2002.

Brown, Benzell: *Introducción al asesinato*, México, Cía. General de ediciones, 1955.

Ferro Veiga, José Manuel: *Perfiles criminales interfectos*, Madrid, Alcalá Grupo Editorial, 2012.

García Vega, Miguel: "Irma Grese, la bella y la bestia", en *www.elbloginsostenible.com*, 2013.

Garrido Genovés, Vicente: *La mente criminal. La ciencia contra los asesinos en serie*, Barcelona, Temas de Hoy, 2013.

Jaccottey, Luc y Rochelandet, Brigitte: "El retiro de Saint-Bonnot en Amange: la vivienda de Gilles Garnier, quien fuera quemado como hombre lobo en Dole en 1573", París, revista *Archeopages*, 2009.

Martínez, Armando: "El verdadero caso de la huérfana: Klara Mauerova y Barbora Skrlová", en www.rarotopia.com, 2015.

Melgar, Lucía: *Género, cultura y sociedad*, México, Editorial El Colegio de México, 2007.

Morgans, Julian: "Las inquietantes fotografías de un asesino en serie", Madrid, *Revista VICE*, 2014.

Pérez Abellán, Francisco: *Crimen y criminales*, dos tomos, Madrid, Nowtilus, 2010.

Pérez Abellán, Francisco; Pérez Caballero, Francisco: *Diccionario de asesinos*, Barcelona, Espasa Libros, 2002.

Piera Pellicer, José Alfredo: "Los crímenes del Arropiero", Madrid, Hemeroteca de la Biblioteca Nacional de España, 2010. Disponible también en: www.luciabotin.com/publicaciones/arropiero.pdf

Ressler, Robert K.; Shachtman, Tom: *Asesinos en serie*, Barcelona, Ariel, 2012.

Ressler, Robert K.: *Dentro del monstruo. Un intento de comprender a los asesinos en serie*, Madrid, Alba, 2010.

Ríos, Adriana: "Narra infierno con Las Poquianchis", Tamaulipas, diario *El Mañana*, 2013. Disponible en: www.elmanana.com.

Sin mención de autor: "Análisis del asesino serial en Ecuador", *Psicología para Todos*, 2012. Disponible en: www.psicologiauce.blogspot.com.

Sin mención de autor: "Andrei Romanovich Chikatilo", México, *www.criminalística.mex*, 2015.

Sin mención de autor: "Colombia: Condenan a 1853 años de cárcel a asesino de 172 niños", Bogotá, Agencia EFE, 2001.

Sin mención de autor: "Detenido un hombre acusado de matar a 13 personas en Perú"; Madrid, diario *El País*, 2006.

Sin mención de autor: "Fritz Haarmann, El Carnicero de Hannover".

Sin mención de autor: "Horrores humanos: Andrei Chikatilo, el carnicero de Rostov", en *www.culturizando.com*, 2013.

Sin mención de autor: "Manuel Delgado Villegas, "El Arropiero, *biografía del mayor asesino en serie de la historia de España*, blog *Biografías de asesinos*, www.biografia de asesinos.blogspot.com.

Valentine, Akasha: "La maldad de la aristocracia rusa", artículo publicado en el blog *En la mente del criminal*, www.enlamentedelcriminal.blogspot.com.es, 2014.

Vera Álvarez, Hernán: "Pedro Nakada. El apóstol de la muerte", Miami, revista *Qué Pasa*, 2014.

www.grotesqueandarabesque.blogspot.com, 2013.

Índice

Asesinos seriales, de Edgard de Vasconcelos,
fue impreso y terminado en abril de 2016,
en Encuadernaciones Maguntis,
Iztapalapa, México, D. F. Teléfono: 5640 9062.

⁓

Realización editorial: Julio Acosta
(julioacostaeditor@hotmail.com.ar)
Corrección: Pablo Valle